U0936587

珍藏本·增订本
纪念版

汉译世界学术名著丛书

# 族群与边界

## ——文化差异下的社会组织

〔挪威〕弗雷德里克·巴特　主编

李丽琴　译

马成俊　校

商务印书馆
SINCE 1897
The Commercial Press

Edited by Fredrik Barth
ETHNIC GROUPS AND BOUNDARIES
The Social Organization of Culture Difference

根据 Universitetsforlaget 1969 年版译出

# 汉译世界学术名著丛书
# （120 年纪念版·珍藏本）
# 增订本出版说明

2017 年 10 月，为纪念商务印书馆创立 120 周年，本馆推出“汉译世界学术名著丛书”（120 年纪念版·珍藏本），计七百种。近五六年来，仰赖学界同人倾力支持，订正旧译，增补新译，拓展新著，积累日多。为满足读者需要，本馆在七百种的基础上，继续推出“汉译世界学术名著丛书”（120 年纪念版·珍藏本·增订本）三百种。至此，“汉译世界学术名著丛书”累计出版已达千种。

今后，本馆将继续推进丛书的翻译出版工作，在积累单本名著的基础上陆续分辑刊行，汇印出版。为促进中外文明互鉴、推动我国学术发展，使“汉译世界学术名著丛书”这项对我国学术文化有基本建设意义的重大工程发挥更大作用，诚望海内外学术界、翻译界继续给予支持，帮助我们把这套丛书出得更好。

商务印书馆编辑部

2024 年 2 月

# 汉译世界学术名著丛书
# （120年纪念版·珍藏本）
# 出 版 说 明

2017年2月11日，商务印书馆迎来120岁的生日。120年前，商务印书馆前贤怀揣文化救国的理想，抱持“昌明教育，开启民智”的使命，立足本土，放眼寰宇，以出版为津梁，沟通中西，为中国、为世界提供最富智慧的思想文化成果。无论世事白云苍狗，潮流左右激荡，甚至战火硝烟弥漫，始终践行学术报国之志，无改初心。



迻译世界各国学术名著，即其一端。早在20世纪初年便出版《原富》《天演论》等影响至今的代表性著作，1950年代后更致力于外国哲学和社会科学经典的译介，及至1980年代，辑为“汉译世界学术名著丛书”，汇涓为流，蔚为大观。丛书自1981年开始出版，历时三十余年，迄今已推出七百种，是我国现代出版史上规模最大、最为重要的学术翻译工程。

丛书所选之书，立场观点不囿于一派，学科领域不限于一门，皆为文明开启以来，各时代、各国家、各民族的思想与文化精粹，代表着人类已经到达过的精神境界。丛书系统译介世界学术经典，引领时代思想，为本土原创学术的发展提供丰富的文化滋养，为推动中国现代学术和现代化进程做出了突出的贡献。

为纪念商务印书馆成立120周年，我们整体推出“汉译世界学术名著丛书”120年纪念版的珍藏本，寄望既利于文化积累，又便于研读查考，同时向长期支持丛书出版的译者、编者和读者致以敬意。

两甲子后的今天，商务印书馆又站在了一个新的历史时间节点上。我们不仅要铭记先辈的身影和足迹，更须让我们的步伐充满新的时代精神。这是商务人代代相传的事业，更是与国家和民族的命运始终紧密相连的事业。我们责无旁贷，必须做好我们这代人的传承与创造，让我们的努力和成果不仅凝聚成民族文化的记忆，还能成为后来人可以接续的事业。唯此，才能不负前贤，无愧来者。

商务印书馆编辑部

2017年10月

# 弗雷德里克·巴特与族群边界理论(代译序)

马成俊

20 世纪前半叶,族群(ethnic group)的概念及族群研究(ethnicity study)理论和方法在西方出现。90 年代以后,这些理论和方法开始传入大陆。近 20 多年来,包括族群、族群性、族群认同和族群边界概念在内的相关理论大量出现在国内的学术论著中,相关争论也一直成为近来国内人类学、民族学、社会学界的焦点问题。问题大都聚焦于族群概念的辨析与界定、族群关系、国内外族群理论以及政策等领域。这种持续性的讨论,也表现出在多族群国家中有关族群的问题既是一个理论问题,同时也是一个现实问题。

弗雷德里克·巴特(Fredrik Barth),[①]1928 年 12 月 22 日出



① 以下关于巴特生平工作的介绍,参考了弗里德里克·巴特《斯瓦特巴坦人的政治过程:一个社会人类学研究的范例》,黄建生译,上海人民出版社,2005 年,第 208 页。有关巴特的生平,还可参考王明珂《华夏边缘:历史记忆与族群认同》,社会科学文献出版社,2006 年,第 9 页;王明珂《羌在汉藏之间:一个华夏边缘的历史人类学研究》,台湾联经出版公司,2003 年,前言部分;纳日碧力戈《现代背景下的族群建构》,云南教育出版社,2000 年,第 62 页;菅志翔《族群归属的自我认同与社会定义:关于保安族的一项专题研究》,民族出版社,2006 年;黄应贵《返景入深林:人类学的关照、理论与实践》,台湾三民书局,2008 年,第 219 页。

生于被歌德称为“小巴黎”的德国萨克森州莱比锡城，父亲是地质学教授。巴特生于德国，成长于挪威，从小对人类的起源和进化感兴趣。后来跟随父亲到芝加哥大学做演讲时，他参观了这所大学的校园，并最终于1946年进入芝加哥大学学习，1949年获得古人类学硕士学位和考古学硕士学位。随后，巴特离开美国返回挪威，但仍和芝加哥大学的老师们保持着经常性的联系。1951年他跟随罗伯特·布雷德伍德(Robert Braidwood)的考古学考察队到伊拉克进行实地调查。考察结束后巴特留在那里，对伊拉克的库尔德人开展民族学调查。之后他又在伦敦经济学院待了一年，在那里，他与著名人类学家雷蒙德·弗思(Raymood Firth)建立了相当亲密的关系，期间整理了在伊拉克的调查访谈记录，并于1953年出版了第一本书《西南亚库尔德人的社会组织》。最初，巴特计划把《西南亚库尔德人的社会组织》作为其博士论文，但没成功。所以为了撰写博士论文，他去了剑桥大学，和在伦敦经济学院时的同事埃德蒙·利奇(Edmund Leach) 一起学习了近两年，深受利奇的学术影响。

1954年2月，在挪威王国研究委员会的支持下，巴特去了巴基斯坦北部边陲省份斯瓦特河谷地区，并很快学会了普什图语，对当地的帕坦人进行了为期10个月的实地调查，直到当年11月结束。1957年，他凭《斯瓦特帕坦人的政治过程》获得剑桥大学博士学位，论文于1959年正式出版。该书一直是政治人类学研究领域中的经典之作。巴特系统分析了斯瓦特帕坦人的政治结构和政治组织过程，这本书是一份有关斯瓦特河谷流域帕坦人政治生活的完整的民族志资料，也是对政治结构形成过程的一种理论阐述。他认为：“政治组织的制度化形式不是政治活动的前提条件，而是该活动的结果。因此,本书重点是研究各种行为者如何努力改变自己的政治地位并通过这些地位来提高自己的影响力、维护自身的安全和实现对别人的统治,以及由此带来的各种冲突和政治活动。”[①]这本书的学术价值正在于使我们了解到包括阿富汗、巴基斯坦在内的国家中各种政治组织的建构过程及其影响力。这本书尽管是20世纪50年代出版的,但至今仍然对我们了解这些国家的政治结构及其组织过程具有重要的学术价值。

紧接着,巴特参加了由联合国教科文组织领导的针对波斯地区的巴塞里(Basseri)游牧民族的项目研究。这项工作促使他在1961年完成了专题报告《南波斯的游牧人群》(*Nomads of South-Persia*)。这时巴特已经关注到了游牧人群在族群认同方面表现出来的分歧与多样性,关注到了族称及其语言与认同上的变异性。该书对我们了解游牧民族及其对生态环境的适应也有很大的帮助。而其更加长远的学术意义在于,这项研究为他后来进行族群认同的主观性建构以及族群边缘的工具性本质等方面的研究积累了经验,奠定了资料和理论的基础。

同样是在1961年,巴特应邀到卑尔根大学,在那里创立社会人类学系并担任系主任。这个职位不仅给他带来了声望,同时为他提供了向挪威社会人类学家介绍英国的社会人类学发展状况的机会。除卑尔根大学外,当时挪威开设人类学课程的就只有奥斯陆大学。但奥斯陆大学的人类学课程开设要早得多,以维多利亚

① 弗里德里克·巴特《斯瓦特巴坦人的政治过程》中文版序,黄建生译,上海人民出版社,2005年。

时期的民俗学为基础，借助学校的民族学博物馆（现更名为“文化历史博物馆”）讲授相关课程。通过在卑尔根大学设立社会人类学系，巴特希望在挪威也能有类似英格兰和美国的一流的现代化的人类学专业。

1961 至 1972 年，巴特住在卑尔根。在此期间，他的工作中心有两个：一是有关挪威国内的课题研究，1963 年出版《企业家在北挪威的社会变迁中的作用》；二是开始创作各种人类学理论著作，其中就有《社会组织的模式》（*Models of Social Organization*）（1966）、主编的《族群与边界》以及《社会组织的文化差异》（1969）。其中，巴特为《族群与边界》写的导言是最为著名的。几十年来，这篇文章一直排在社会科学引文索引的前 100 名中。

在成为奥斯陆大学社会人类学系教授和市博物馆馆长后，巴特离开奥斯陆。此时，人类学界正在悄悄发生变化。马克思主义和解释性方法正在成为学术研究的主流，而巴特本人的战略和选择理论日益在经济学和其他学科中占据主导地位。之后巴特开始转向仪式和意义的研究。他在巴布亚新几内亚针对巴克塔曼人（Baktaman）进行实地调查，发表了《新几内亚巴克塔曼人的仪式文化》（Ritual and Knowledge among the Baktaman of New Guinea），文章提出了对知识和符号研究的新方法。同时他也和人类学家妻子乌尼·维坎（Unni Wikan）在中东的阿曼进行田野调查，于 1983 年将调查结果整理成册，书名为《苏哈尔：一个阿曼城镇的文化和社会》（*Sohar: Culture and Society in an Omani Town*）。

1985 年，巴特得到挪威政府授予的国家奖学金。1989 至 1996 年，巴特在美国艾莫利大学任职，1997 至 2008 年又在波士顿大学任职。巴特和妻子决定在巴厘岛开始民族学课题研究,1993年出版《巴厘岛人的世界》(*Balinese worlds*)。后来他又在不丹进行调查研究。

巴特是挪威科学与文学学院的成员,由于他在学术界的极大影响力,1997年被美国艺术与科学学院评为外籍荣誉院士。巴特对人类学理论的贡献,主要表现在对巴基斯坦北部斯瓦特山谷的政治进程的研究,他在其中提出了人际关系心理分析理论;同时,在苏丹达尔富尔地区所做的微观经济进程和领导力方面的研究,使他在人类学界名声大噪。其中,达尔富尔的研究已被奉为经济人类学形式分析的典型案例。在他长期的职业生涯中,他在巴厘岛、新几内亚和几个中亚国家所做的实地调查,涉及范围广泛,受到学界的称赞和表扬。

巴特的著作在20世纪末之前的中国大陆人类学界几乎没有人知道,目前所看到的只有高崇翻译的《族群与边界·序言》,[①]此文一经发表,便成为各路学者竞相参考的学术文章,也是有关族群问题研究中引用率最高的文章之一。这篇论文被认为在族群研究上提出了开创性见解。巴特在此文中给族群概念作了界定,对族群边界、族群认同、族群互动以及族群之间的互相依赖、认同变化的因素、文化边界的维持、文化联系和变迁,乃至族群关系调整中的变异、族群和文化进化、族群分层、少数民族、流民和边缘的组织化特点等有关族群的问题做了充分的论述。



① 弗雷德里克·巴特《族群与边界·序言》,高崇译、周大鸣校,载《广西民族大学学报》1999年第1期。

2005年，上海人民出版社出版了巴特的另一本著作《斯瓦特巴坦人的政治过程：一个社会人类学研究的范例》，也在政治人类学研究界产生了较大的影响。这本书的出版，也为我们了解巴基斯坦、阿富汗斯瓦特河谷流域的族群及其政治组织的演变、政治联盟的构建、宗教领袖的角色、人们的生活方式以及交往情感等问题提供了非常客观的民族志描述。正如作者在2003年初给该书中文版写的序言中所说的："政治联盟的内在动因既非来自原有的政治体系，也非来自相互对立的政治意识。这些都是当代阿富汗政治联盟过程中反复出现的特征。在那里各种派别经常变节，昨天的敌人今天可以自由地加入新盟，根本不在乎最近参与过的联盟是共产主义性质的、民族主义性质的、原教旨主义性质的等等。所以，在斯瓦特地区民族之基础上提出的生成模型在五十年后的今天仍然能用来说明，甚至预测阿富汗政治的内部动因。""斯瓦特地区的研究还能帮助我们理解今天的阿富汗和巴基斯坦西北部地区穆斯林原教旨主义者作为一种政治势力所起的作用。简单地说，对伊斯兰的神圣与权威的遵从是最基本的和有价值的思想——这一点在很长时间以来和在很多地区都是这样的。但是这些思想怎样与政治发生关联则取决于各地方首领之间竞争的内在动因。仅从当今伊斯兰原教旨主义浪潮在中东地区的影响来寻求解释是不够的，我们需要理解各不同的地方行为者是如何利用宗教思想及其他资源来建立自己的政治地位的。"①

《族群与边界》是巴特主编的一本论文集，1969年出版。在此



① 弗里德里克·巴特《斯瓦特巴坦人的政治过程：一个社会人类学研究的范例》，黄建生译，上海人民出版社，2005年，第2页。

书中,巴特及其他学者把族群互动作为讨论的中心。族群认同不是独立的,而是人们持续的归属和自我归属的产物。族群认同的形成贯穿于吸纳和排斥的关系过程中。也正是在这个意义上,巴特强调社会人类学建立在个人层次上的相互作用的观点,有代替社会结构层次上的嫌疑。

本书的作者们提出并实践了族群研究的一种新方法,即通过不同人类群体的持续的协商和接触来解决边界问题。巴特认为这些群体在文化上并不是间断的隔离物种。他们试图舍弃把文化作为有限实体和族群性作为人类学原生主义者的重要观点,代之以群体间相互接触的观点。因此,《族群与边界》一书讨论的重点就是族群认同的互联性以及族群边界和文化认同问题。巴特强调指出:族群并不是在共同文化基础上形成的群体,而是在文化差异基础上的群体的建构过程。绝对的民族区别不在于流动性、接触或信息交流的缺乏,但确实包含了合并和排斥的社会过程。也正因为如此,虽然在个人生命历程里,人们的社会参与度和身份不断发生变化,但仍有一些被孤立的群体还能够生存下来。同时,巴特还进一步强调,即使当不同群体的个体跨越边界或同多个群体的成员产生认同,民族标签也将会经常存在。

这本文集的出版,开启了人类学关于族群、族群性、族群认同等问题的广泛讨论,直至当今。

在这本书的导言中,巴特通过族群边界的概念,来讨论族群的范围及界定范围的基础,同时对族群进行了定义。他认为族群包括:其人口在生物学意义上的延续性、共享的文化与价值、构成一个联系与互动的范围、拥有自我认定和他者认定的成员资格。

同样在这篇有着深远影响力的导言里，他代表其他作者宣称，族群是由它本身组成成员认定的范畴，形成族群最主要的是它的边界，而不是语言、文化、血统等内涵。一个族群的边界，不一定指的是地理的边界，而是其社会的边界。在生态型资源竞争中，一个人群强调特定的文化特征，来限定我群的边界以排除他人。因此，巴特及其他作者对族群研究的贡献，不只是集主观论之大成，更重要的贡献在于他们强调族群边界的研究，开启了族群研究新的里程碑。从族群边界论的角度和观点审视族群的特征，客观特征论的弱点就显得更加明显；主观论者认为，客观的文化特征最多只能表现一个族群的一般性内涵，却无法解释族群边界的问题，进而言之，假如无法探讨族群的边界问题，相应地也就无法讨论族群认同变迁的问题，族群认同的变迁也就缺乏说服力和解释力。当然，族群的主观认同说，也并不排斥作为体质和文化的特征，它们尽管不是划分族群的客观标准，但也是人们主观上划分族群的工具。巴特及其他主观论者的观点一经发表，便引起了 20 世纪 70 年代到 80 年代有关工具论与根基论的学术争论。

除巴特那篇精彩导言外，本书还收录了七篇论文，以下加以简要介绍。

哈拉尔德·埃德黑姆的《当族群身份成为社会污名》，主要讨论的是居住在挪威北部西芬马克的峡湾与水道的挪威人和海岸拉普人（Norwegian-Lappish）杂居区的族群与族群关系，作者对受到污名化的拉普人的社会适应进行了细致入微的观察和分析。

贡纳尔·哈兰的《民族过程中的经济决定因素》，描述和分析了西部苏丹富尔人（Fur）和巴加拉人（Baggara）这两个重要族群间的边界维持过程。在讨论中,作者充分运用了在西部达尔富尔地区的低洼旱谷地带进行为期一年的田野调查中收集到的有价值的资料,重点讨论了族群身份的性质和认同变迁中的决定性因素。这些讨论为我们了解当今苏丹国内的分化具有重要的现实意义。

简-彼得·布洛姆的《族群与文化的分化》,讨论了挪威的族群关系和族群边界问题。通过对挪威族群社会的研究,作者得出结论认为,族群边界并不依赖于形式层面上的文化差异,而是要依赖于处在更根本层面的文化,即有关于互补身份的差异性特定法制化,这些互补身份把一个族群分化成若干个由各自所认可的独特起源来支撑的参照群体。

卡尔·埃里克·克努森的《分化与融合——埃塞俄比亚南部的族群关系面面观》,介绍了埃塞俄比亚南部有关族群和民族动态的民族志资料。由于在这个地区族群间的关系模式具有很大的差异(或者说"具有很高的异质性"),作者简要概述了埃塞俄比亚加拉高原两个不同地区的情况。通过对照和比较两种不同类型的族群边界和维持边界的方式,来讨论边界动态的各个方面,从而对族群性问题的普遍性进行讨论。

亨宁·西弗茨的《墨西哥南部的族群稳定与边界动态》,讨论了墨西哥南部恰帕斯高地各族群的异源性特征。作者认为,从文化的角度看,不同的族群在相同的大致区域里互相接触,形成了一个综合的社会实体,这一实体的成员在某些生活领域,尤其在商业交易领域里不断地相互影响。作者面对的是一个典型的"多族群社会",它是以构成单位之间的经济专门化和共生的相互依赖性为基础的。族群类别代表之间的互动似乎是以广义身份的分化为出发点的，文化的差异性被过分地传播。可以说，原则上跨类别的交易和合伙人与同一族群的人一起参与的交易有所不同。因此，这种多元性社会表现出族群裂变与经济的相互依赖相结合的特点。

弗雷德里克·巴特的《帕坦人的认同与维持》，简洁地概括了帕坦族群的概貌以及它的分布。认为帕坦人要自我认同，同时还要得到他人的认同，与根据截然不同的原则构建起来的各阶层的成员一样，帕坦人在各种各样的组织形式下生活着并维持着认同。帕坦认同的传统模式是将群体建立在确定条件下的切实可行的生活方式基础之上。只有这样，帕坦人的分布和帕坦社会形式才可以被理解。这种体系曾是最成功的，并且在贫困地区的无政府状态下具有自我维持的特点。在这些条件下，帕坦人开始出现人口过剩，他们不断向外扩张：把帕坦领土向北部、东北部扩张，最近又向西北部扩张。同时，通过相对稳定的族群边界，大规模的人口向东向南迁移。

卡尔·G.伊西科维齐的《老挝境内的邻居们》，是作者通过1936年、1938年、1963年、1964年在老挝做过的多次短期的田野调查材料，尤其是在对老挝研究相对比较贫乏的一些材料进行分析后写出来的一篇文章。作者认为，只要一个群体希望提高它的地位并注重自己的生活方式，它就面临着邻居的问题——相互毗邻的不同族群之间的关系。研究者不再对单一族群的独立社会进行研究，而是转向相互为邻的多族群的研究。这种研究，与利奇的著作《缅甸高地诸政治体系》中的观点相当一致。毗邻的民族往往有完全不同的生活方式、社会结构和文化，他们之间的相互适应问题是一个非常困难的问题。随着西方文明通过殖民地化和工业化等方式对传统多族群社会的影响,这些问题也越来越多。不断产生的新关系与新中心在许多案例中都造成了尖锐的冲突。在许多地方,他们也导致了有影响力的民族主义运动。在适当的时候,借助学校和其他媒体,这些运动导致了同化和统一性。

《族群与边界》尽管收录的论文所涉及的田野点包括亚洲、非洲、欧洲和美洲的族群社会。除导言之外,本书中其他人的论文尚未引起国内学者的广泛关注。今天,当我国的民族学、人类学与社会学界仍然在有关族群、族群性、族群关系、族群边界与族群认同等方面不断进行讨论的时候,我们将全部文集译成中文出版,旨在使我国学者能够全面了解和把握巴特等学者的观点,希望我们的工作能对学术界有所裨益。

# 目　录


导言…………………………………… 弗雷德里克·巴特 1

当族群身份成为社会污名 …………… 哈拉尔德·埃德黑姆 37

民族过程中的经济决定因素 …………… 贡纳尔·哈兰 61

族群与文化的分化……………………… 简-彼得·布洛姆 81

分化与融合——埃塞俄比亚南部的族群关系面面观

…………………………… 卡尔·埃里克·克努森 94

墨西哥南部的族群稳定与边界动态………… 亨宁·西弗茨 113

帕坦人的认同与维持…………………… 弗雷德里克·巴特 134

老挝境内的邻居们 …………………… 卡尔·G.伊西科维齐 157

参考文献…………………………………………… 174

专题研讨会及其参与者介绍………………………… 180

译名对照表………………………………………… 182

译校后记…………………………………………… 185

修订译后记………………………………………… 188

# 导　言

## 弗雷德里克·巴特

该论文集论述了族群及其持久性问题。对社会人类学来说，9
这是一个非常重要但却被忽视的主题。事实上，所有的人类学推理都基于这样一个假设，即文化变异是不连续的。存在着本质上分享共同文化的民族集合体，又存在着把每种独立文化与所有其他文化截然分开的相互关联的差异。文化不过是描述人类行为的一种方式，那么，每种文化都对应着不同的群体，即族群单位。文化间的差异及其历史边界和联系受到了高度的关注；而族群的构成和族群之间的边界性质却没有得到相应的研究。社会人类学家通过利用高度抽象的“社会”这一概念来代表包罗万象的社会体系，在这个体系之内，较小的、具体的群体和单位可得以分析，从而很大程度上回避了以上问题。但是，这种做法并没有触及族群的经验性特征和边界，也没有触及对族群进行研究所引发的重要理论性问题。

尽管人们不再天真地认为，每一个部落和民族通过对其邻居的排斥来保持自己的文化，但认为地理和社会隔离是维持文化多样性的关键因素的过分简单化观点仍然存在。以下论文证实，对族群边界特征的经验性调查得出了两个意料之中的发现，但也验

证了这种过分简单化观点的不足之处。第一，很明显，尽管人员在
边界之间不断流动，但边界仍然存在。换句话说，族群的分类区别
10 并不取决于流动、接触和信息的缺失，而是包含排斥和融合的社会
过程，在此过程中，尽管个人生活史中的个体参与和成员资格在不
断地变化，互不相关的类别却保存下来。第二，我们发现，稳定、持
久、至关重要的社会关系能跨越这些边界而得以维持，而且往往正
是基于二分的族群身份。也就是说，族群区分并不取决于社会互
动和认可的缺失，恰恰相反，族群区分往往是包容的社会体系得以
建立的基础。在这样的社会体系当中，互动并不会通过变迁与涵
化（acculturation）而瓦解；尽管族群之间相互接触并相互依赖，但
是文化差异却保留下来。

## 一般方法

显然，这里有一个重要的领域迫切需要重新思考。我们所需要的是理论与经验的联合行动：我们需要深度调查各种案例的经验性材料，使我们的概念与其相吻合，从而尽可能简要而又充分地诠释这些材料，并使我们探究这些材料的含义。在以下的论文中，每位作者都从自己的田野工作中选取十分熟悉的案例，尝试着把一套共同的概念应用于其分析。主要的理论出发点包括几个互相关联的部分。第一，我们首先强调族群是行动者本人归属与认同的范畴，因此具有成员之间组织性互动的特点。我们尽量把族群的其他特征与这一基本特点联系起来。第二，这些论文都应用生成性观点（generative viewpoint）来分析案例，而不是通过各种族

群与关系形式进行类型学分析，我们试图探讨那些可能涉及族群产生和维持的不同过程。第三，为了观察这些过程，我们把考察重点从各族群的内部建构与历史转移到了族群边界与边界维持上。这些观点中的每一种都需要详细阐述。

## 族群的定义

在人类学文献（例如参阅：Narroll 1964）中，族群一词通常被理解为具备以下特征的群体：

1. 从生物学角度来看具有较强的自我延续性。

2. 具有共同的文化价值观，这些价值观在文化形式上实现了 11
明显的统一。

3. 建立一个交流和互动的领域。

4. 拥有自我认同和被他人认同的成员资格，以建立与其他同阶类别相区分的范畴。

迄今为止，这种理想化的类别定义在内容上并没有摆脱传统的观念，即种族＝文化＝语言；社会＝排斥或歧视他族的单位。然而，在其改进后的形式中，这种定义与许多实证性的民族志所描述的情况非常接近，至少与这些民族志呈现出和报道的情形非常接近，结果，这种定义仍然被大部分人类学家所应用。尽管我将表明，我们可以从某种重点的变化中受益，但是我的观点与这些特征的实质并没有太多的联系。我的主要反对意见是，这种表达方式阻碍我们理解族群现象，以及它们在人类社会和文化中的地位。这是因为它回避了所有的关键问题：虽然意在为一个反复出现的经验形式提供一种理想类型模式，但是先入为主地暗示，在这类族群的起源、结构和功能中，什么才是重要因素。

最关键的是，它允许我们假设边界维持是没有问题的，并且必然产生下列逐项特征所暗示的隔离：种族差异、文化差异、社会隔离和语言障碍，自发而有组织的敌意。这也限制了我们用来解释文化多样性的要素范围：这种预设引导我们去想象每一个群体，主要为了回应当地的生态因素，在相对的隔离状态下通过发明和选择性采借来适应历史，由此发展自己的文化与社会形式。这种历史产生了大量互不相关的民族，每一个民族拥有自己的文化，组织自己的社会，可以被适当地描述为一座孤岛。

## 作为文化承载单位的族群



与其讨论这一文化史版本是否适合远洋岛屿之外的岛屿，不如让我们探讨这一观点中存在的一些逻辑瑕疵。在以上所列举的特征中，共享共同文化通常被认为是最基本的。我认为，把这一非常重要的特征看成一种含义或结果，而非族群组织的基本特征和定义特征，也许我们的收获会更多。如果有人选择把族群的文化承载要素看成他们最基本的特征，那么文化承载意义就更加深远
12 了。人们被引导通过文化的形态特征来识别或区分承载文化的族群。这就涉及以下两个先入为主的观点：一是类似单位时间延续的性质，二是决定这些单位形式的地点要素。

1. 就文化承载要素的重视程度来说，作为族群成员对人员与当地群体的归类必须取决于他们所展现出来的文化特性。这是民族

志观察者在文化领域传统中可以客观判断出的，与行动者的类别和偏好无关。群体间的差异形成了一系列特质的差异；文化分析而不是族群组织受到了关注。尽管我们从未认真讨论过涵化理论的不足之处，而且人类学界对这类研究的兴趣越来越小，但是群体间的动态关系却要在这一类的涵化研究中被描述出来。既然文化特质集成的历史起源多种多样，那么这种观点也为民族史提供了视角，民族史记录了文化的积聚和变迁，并试图解释为何某些东西被借用。然而在这些研究中，其时间延续性被描述的单位是什么？矛盾的是，它必须包括在今天显然会被排除在外的过去的文化，因为其在形式上存在差异，这种差异恰恰是族群单位共时性差异的判断依据。由于这种模糊性，“族群”与“文化”的相互关系显然没有得到澄清。

2. 作为特质可以被逐项列出的显性文化形式（overt cultural forms）表现出了生态影响。我并非意指文化的显性形式反映了对自然环境的适应史；以一种更直接的方式，它们也反映了行为者必须使自己顺应的外在环境。面对不同环境下提供的不同机遇时，拥有不变的价值观和看法的同一群人也肯定会追求不同的生活方式，也会使不同的行为方式制度化。同样，我们一定会发现，对于分布在不同生态环境地域上的单个族群，其显性制度化行为会表现出地区多样性，而不反映文化取向的差异。如果显性的制度化形式是判断依据的话，它们将如何被归类？在下面的论文中［（边码）第 117 页及以下诸页］，帕坦人（Pathan）当地社会体系的分布和多样性就是一个典型的例子。根据帕坦人基本的价值观，来自同质 13
化世系山区的南部帕坦人肯定会发现斯瓦特（Swat）的帕坦人行为与自己的价值观截然不同，应受到谴责，他们声称他们北方的同

胞“不再是帕坦人”，的确，根据“客观”标准，他们的显性组织模式似乎更加接近于旁遮普人(Panjabis)的。但是通过对北方环境的解释，我发现可以让南部的帕坦人同意北部的同胞也是帕坦人，并勉强承认在北方的环境下他们自己的行为也可能是如此。因此，把显性的制度化形式看成任何时候都能区分族群的文化特质是不够的——这些显性的制度化形式是由生态和传播的文化所决定的。也不能声称群体内的每一次分化都是向单位的细分和倍增迈出的第一步。众所周知，有文献记载，在相对简单的经济组织层面上，一个族群占据了几个不同的生态位(ecologic niches)，然而却在很长的时期内保持着基本的文化和族群统一性[参阅例子：内陆与沿海的楚克奇人(Chuckchee)(Bogoras 1904 - 9)或以驯鹿为生，在河边、沿海的拉普人(Lapps)(Gjessing 1954)]。



在下面的一篇论文中，布洛姆[第 83 页及以下诸页]以挪威中部山地农民为例提出了具有说服力的观点。他表明，尽管当地生态使山地农民采取极具特色与偏离社会标准的活动模式，但是他们参与挪威的普遍价值观，以此自我评价，使他在庞大的族群中确保了不变的成员资格。为了分析这样的案例，我们需要一种观点，这种观点不能把生态环境对行为的影响以及传统文化对行为的影响混淆在一起，而是要能把这些因素分离开来，从而考察产生多样性的非生态文化因素和社会因素。

## 作为组织类型的族群

从社会层面的有效性来看，族群可以被看作一种社会组织形式。那么,(边码)第 11 页所列清单中的第 4 项,即自我归类与被他人归类的特征就成了关键要素。从假设是由一个人的出身和背景来决定他基本的、最普通的身份的角度来看,对他的明确归类属于族群归类。如果行为者出于互动的目的使用族群身份来对自己和他人进行分类,他们就形成了组织意义上的族群。 14

尽管族群分类要考虑到文化差异,但是我们可以推断,在族群单位和文化的相似性与差异之间不存在简单的一一对应关系,意识到这一点很重要。我们所讨论的文化特质并不是“客观”差异的总和,而只是行为者自己认为这些特质有意义。生态变化不仅表明而且夸大了这些差异;一些文化特质被行为者用作差异的标志与象征,另一些却被忽略了,在一些关系当中根本差异被淡化甚至被否认。族群分化的文化内涵似乎可以分成两个层次来进行分析:(1)显性符号或标志——人们寻找和展示可标示身份的可分辨性特征,这一类的特征往往包括服饰、语言、房屋式样或一般的生活方式。(2)基本的价值趋向:评判行为所依据的道德与优秀的标准。因为归属某一个族群类别意味着成为拥有那个基本族群身份的某一类人,也意味着可以根据与身份有密切联系的标准来判断自己以及被他人判断。这两类文化“内涵”都并非来自对文化特征或文化差异的描述性清单;人们也不能够从基本原则中来预测哪些特征会受到行动者的重视,并在组织上具有价值。换句话说,在不同的社会文化体系中,族群分类提供了一个组织容器,不同的内涵数量和形式都可以被容纳。它们与行为密切相关,但是也不一定如此;它们可能渗透到所有的社会生活中,也可能它们只在有限的活动范围内与社会生活有关。因此,对不同类型族群组织的民族

志描述和对比性描述都存在明显的范围。

把归属作为族群的关键特征加以强调也解决了我们以上所讨论的两个概念性难题。

1. 作为归属与排外的群体来定义的时候，族群单位延续性的本质是清晰的：它依赖于边界的维持。标志着边界的文化特征可以变化，族群成员的文化特征同样可以迁移。事实上，甚至群体的组织形式也可以变化——然而族群成员与外来者之间持续的二元性事实让我们可以明确延续的性质，并且可以考察不断变化的文化形式和内涵。

15 2. 只有与社会相关的因素才是成员资格的判断标准，而不是其他因素所产生的显性的“客观”差异。不同的成员在他们显性的行为中会有怎样的表现并不重要——如果他们说他们是 A，与另外的同宗类别 B 对比，他们就是宁愿被当作 A，愿意自己的行为被诠释和判断成 A 而不是 B；换句话说，他们宣称他们忠诚于 A 共有的文化。因此，与影响实际行为的其他因素相比，社会相关因素所带来的影响可以成为研究的对象。

## 族群边界

从这个观点来看，调查的主要中心点是定义群体的族群边界，而不是群体所附带的文化特质。尽管他们可能有相应的地理边界，但我们必须关注的边界当然是社会边界。如果一个群体的成员与其他群体的成员在互动时仍然保持自己的身份，这就牵涉到决定成员资格的标准和标志成员资格及排外的方式。族群不只是或必然是以独占领土为基础；他们维持自己群体的不同方式，不仅是一劳永逸的人口自然增加，还有不断的表述和验证，也需要深度的分析。

更重要的是，族群边界引出了社会生活——它往往牵涉到一个行为和社会关系都十分复杂的组织。作为族群的同一组织成员，另一人的认同暗示着评价与判断的标准是一致的。因此这种认同还必须包括一个假设，即他们两个人基本上“玩的是同一种游戏”，这也意味着他们两个人之间的社会关系有可能多元化并最终扩展至活动的各个领域。另一方面，将他者分为陌生人和另一个族群的成员，意味着对共同理解的认可是有限制的，在价值观和行为的判断标准上存在差异，在可能具有的共同理解和共同兴趣的互动方面存在约束。

这就使我们有可能理解文化单位和边界可以持续的最后一种边界维持形式。不同文化的人员之间进行社会接触也是族群边界维持的一种形式：只有族群在行为上存在明显差异，即存在持续的文化差异，族群才会作为有意义的单位持续。然而，在不同文化的 16
人员互动的地方，人们期望差异能够减少，因为互动既要求又产生语码与价值观的一致性——换句话说，就是文化的相似性或文化共性（参阅我在这一观点上的论述，Barth 1966）。因此，接触中的族群维持不仅仅意味着认同的标准和标志，也意味着允许文化差异持续存在的互动的构建。我认为，所有族群间的关系都必须具有的组织特征是一套系统的规则，以规范族群间的社会交往。在所有有组织的社会生活中，在任何特殊的社会环境下，与互动密切相关的因素都是有所规定的（Goffman 1959）。如果人们同意这

些规定，那么他们在语码和价值观方面的一致性就没有必要超出与他们互动的社会环境相关的范围。稳定的族群间的关系以这样一种互动体系为前提：一套规则控制着互动的社会情境，并顾及一些活动领域的接合(articulation)，而针对社会环境的另一套禁令阻止了族群之间在其他领域的互动，从而使得部分文化避免了对抗和修改。

## 多族群社会体系

当然这是弗尼瓦尔(Furnivall 1944)在他的多元社会分析中所清晰描述出的情形：与市场融合的多族群社会受制于由其中的一个族群所支配的国家体系，但宗教和家庭活动领域仍存在着大范围的文化多样性。

后来的人类学家并不完全赞同可能存在的各种接合与分离的领域以及由此涉及的各种多族群体系。我们了解美拉尼西亚的一些实物贸易体系属于经济制度中的高声望领域，甚至专门有一些礼节与惯例控制着交换情境，使它与其他活动隔离开来。我们了解有关东南亚各种传统的多元中心体系的信息，这些体系在威望交易领域和准封建政治结构中得到整合[见(边码)第135页及以下诸页伊西科维齐的讨论]。西南亚一些地区表现出基于更加充分的货币化市场经济的形式，但政治融合以多元中心为特点。还需要考虑印度种姓制度的仪式性的和富有成效的合作以及政治融
17 合，在印度，也许只有血族关系和家庭生活仍是被禁止的领域和文化多样性的源泉。用越来越模糊的“多元”社会的标签把各种各样

的体系归并在一起是没有意义的，而对各种结构的调查则有助于我们阐明社会和文化形式。

宏观层面上的接合与隔离与微观层面上的多套系统化的角色限制相对应。适用于所有这些系统的原则是，族群身份意味着对允许个人所充当的各种角色的一系列限制，以及在不同种类的交易中选择的合伙人的一系列限制。[1]换句话说，作为一种身份，族群身份高于大部分其他身份，它限定了拥有这种身份的个人的各种身份和社会人格。从这个角度看，族群身份与性别和等级类似，因为它限制了当事人的所有活动，而不仅仅是在特定的社会环境中。[2]因此，人们也可以说它是权威的，因为它不可能被这种情形下的其他定义所忽视和暂时搁置。因此，在复杂的多族群社会中，一个人的族群身份对其行为的限制往往是绝对的，而且是非常全面的；道德和社会习俗的组成部分作为单一身份的特征被陈规定型地组合，进一步阻碍了变革。

## 身份与价值标准的结合

因缺乏对边界维持问题的关注，对族群间关系的互动和组织特征的分析受到了影响。这也许是因为人类学家的分析建立在原型族际情境（prototype inter-ethnic situation）的误导性观点上。就殖民环境下拥有不同历史和文化的民族来说，人们往往认为他们聚居在一起，彼此包容。为了设想族群多样化共存的基本要求，我们不妨问问自己，在一个地区出现族群差异需要什么。这种组织要求非常清晰，一是将人口划分为排他的、必要的身份类别；二

是要认可这样一个原则，即不同的类别所运用的标准也可能各不相同。虽然这本身并不能够解释文化差异出现的原因，但却能让
18 我们明白它们是如何存留下来的。每一个分类都可能与一套独立的价值标准范围有联系。这些价值取向之间的差异越大，对族际互动的约束就越多：在整个社会体系中涉及与个人价值取向不一致的行为的身份与情境必须回避，因为其这样的行为是不被认可的。此外，由于身份被标识和接受，新的行为形式常常被一分为二：我们可以预期，在角色制约的作用下，族群成员不愿意以新方式来行动，唯恐这样的行为不适合其身份，他们会对带有这样或那样的族群特点的活动形式迅速归类。正如男性工作相对于女性工作的二分法似乎在一些社会中泛滥，基本族群分类的存在似乎也是助长文化差异泛滥的因素。

在这样的体系里，对群体特定价值观的支持——这种支持造成了对其的依附——就不只是由共享这一身份的那些人来实施。同样，其他强制性身份也有极为相似的情况：正如两性都会嘲笑女性化的男性，所有阶层都会惩罚装腔作势的下层阶级，同样，在多族群社会中，所有族群成员的行为都是为了保持二分法和差异。因此，在由这类原则所组织和分配社会身份的地方，往往存在将互动渠道化和标准化的趋势，在具有包容性的更大的社会体系中也会出现维持和产生民族多样性的边界。

## 族群的相互依赖

在一个具有包容性的社会体系中，就族群的文化特征来说，联

系几个族群的积极纽带取决于他们之间的互补性。这样的互补性可能会导致互相依赖或共生，建立起上文所指的接合、融合区域；而在没有互补性的领域里，不可能存在在族群边界上建立组织的基础——要么没有互动，要么只是存在不考虑族群身份的互动。

作为一种必要的身份，族群身份把个体约束到他可能拥有的
各种身份和角色中，对此，不同的社会体系所表现出的程度也各不
相同。如果与族群身份相关联的具有区分性的价值观只和少数活
动类型有关，那么基于族群身份的社会组织将受到同样的限制。19
另一方面，复杂的多族群体系显然包含广泛相关的价值观差异和
对各种身份结合以及社会参与的多重约束。在这样的体系下，边
界维持的机制必须高度有效，原因是：(1)这种复杂性基于重要的、
互补的文化差异的存在；(2)在族群内这些差异通常必须被标准
化，也就是说，族群中每一个成员的身份丛或社会人必须高度模式
化，从而使族群间的互动能以族群身份为基础；(3)每一个族群的
文化特征必须稳定，从而使体系所依赖的互补性差异能够在面临
密切的族际接触时得以维持。在这些条件都具备的情况下，族群
间就能产生稳定和共生的适应关系：在这个区域内其他族群成为
自然环境的一部分；接合的部分提供了可被开发的区域，而从任何
群体成员的角度看，其余群体的其余活动领域则基本上无关紧要。

## 生态学观点

这样的相互依赖性在一定程度上可以从文化生态学的角度来分析，与其他文化的不同族群接合的活动领域可被看作群体所适

应的生态位。这种生态的相互依赖性可以形成几种不同的形式，从而构成粗略的类型学。在两个或更多的族群所接触的区域里，他们的适应性可能包括以下几种形式：

(1)在自然环境中，他们可能占据了明显不同的生态位，对资源的竞争微乎其微。在这种情况下，尽管共居在同一个区域，他们的相互依赖还是很有限。接合往往主要通过贸易，也许也在礼仪和仪式领域。

(2)他们可能垄断了不同的领土，在这种情况下，他们会争夺资源，他们的接合涉及边界政治，有可能也涉及其他领域。

(3)他们可能为彼此提供了重要的商品和服务，也就是占据互
20 惠的不同生态位，但是彼此又极为依赖。如果他们在政治领域的接合并不紧密，那么这就会导致一个典型的共生情境和各种可能接合的领域。如果他们通过不同的生产方式的垄断来进行竞争和顺应，这就需要政治和经济的密切接合，也有可能出现其他形式的相互依赖。

这些形式指的是稳定的状况。但是，人们往往也会发现第四种主要形式：两个或更多的相互交错的群体实际上在同一生态位下至少存在部分竞争。随着时间的推移，我们发现一个群体会取代另外一个群体，或者形成一种不断互补和相互依赖的顺应关系。

在人类学文献中，大部分这样的状况我们毫无疑问可以想到类型案例。然而，如果我们仔细研究大多数经验性案例，就会发现存在相当复杂的状况，只有进行相当粗略的简化才能使它们缩减为简单类型。我曾在其他作品(Barth 1964b)中试图用俾路支地区来说明这一点，并且认为在一个族群分布的不同边界上和不同的环境中，与其他族群的关系一般会表现出其中的几种形式。

## 人口统计学观点

然而这些变量仅仅描述了群体适应性的一部分。当展示由群体占据的生态位的定性（最好还有定量）结构时，也不能忽视其适应中的数目和平衡的问题。每当一个群体依赖于对自然界中生态位的开发时，这就意味着开发在规模上要有一个与生态位承载量相对应的上限；任何稳定的适应都包括对人口规模的控制。另一方面，如果两个群体作为共生关系下的族群在生态上互相依赖，这就意味着其中一个族群规模的任何变化都会对另一个族群产生重要的影响。因此，在对任何多族群体系进行涉及时间深度的分析时，我们都必须能够解释相互依赖的族群规模的平衡过程。所涉及的人口平衡相当复杂，因为一个群体对自然界中的生态位适应受其**绝对**数量的影响，而一个群体对由另外一个群体所建立起的生态位的适应受到其**相对**数量的影响。

因此，在分析一个地区的族群间关系时，人口问题的核心是族 21
群扩大的形式，以及他们的比率是如何对每个群体所开发的不同生态位产生的压力敏感的问题（如果有的话）。这些要素对任何多族群体系的稳定都是非常重要的，任何人口变化似乎都有破坏性。然而，事实却并不一定如此，比如像西弗茨[（边码）第 101 页及以下诸页]的论文中所证明的那样，但是在大部分情况下，我们所观察到的多族群体系的确包括相当复杂的人口流动和调整的过程。很明显，除了生育率和死亡率之外，其他的一些因素也影响着人口数量

的平衡。从领土的角度来看，有个体和群体的流动因素：移出释放压力，而移入使一个或几个共居群体来作为其他地方庞大人口储备的前哨定居点。移民与征服对人口的再分布和关系的变迁起到了间歇性作用。但是影响个体和群体身份变迁的另一过程却产生了最有趣往往也是最关键的作用。毕竟，构成族群的人员资源是不断变化的，尽管目前为止所讨论的社会机制倾向于保持二分法和边界，但是这并不意味着其所组织的人员资源的“静止”：尽管可能存在形象地被称作跨越边界的人员“渗透”因素，边界还是可以维持。

对于复杂的多族群体系来说，这个观点使我们对几个条件做了重要的澄清。尽管这一类体系的出现和维持似乎取决于与族群相关的文化特征方面相对较强的稳定性，也就是说，互动边界中的高级别和稳固性，但是并不意味着族群扩大或归属模式也具有类似的稳固性：相反，我们观察到的族群间的相互关系往往涉及影响个体和群体身份变迁的各种过程，并且改变着在这种情况下出现的其他人口因素。由于人员流动而引起跨越的族群边界稳定而持续，这样的例子显然要比民族志文献让我们相信的更具有普遍性。不同的跨越过程在这些论文中都得到了例证，造成跨越的条件也各不相同。我们可以简要地分析其中的一些。

22

## 身份变迁要素

坎德里(Kandre 1976b)所描述的瑶族是中国南部边远地区的山地民族之一。出于生产目的，瑶族由大家户组织起来并由氏族和村落结盟而成。家户的领导层非常清晰，而社区和区域都是本土的、没有首领的，并且与多族群政治领域有不同的联系。身份和区别在复杂的仪式中表现出来，其中最突出的是祖先崇拜。然而这个群体每一代都有10%的非瑶人成为瑶人，这是一个巨大的吸收比例(Kandre 1967a:594)。成员身份的变化是单独发生的，多数发生于孩子身上，包括瑶族家户首领购买人员、纳入亲属关系以及完全的仪式同化。有时候，族群成员资格的变化也会通过入赘婚姻中的男方而发生；中国男人对这样的安排是乐意接受的。

这种同化形式的条件显然是双重的：第一，存在实施同化的文化机制，包括对祖先尽义务以及通过支付钱财来补偿的观念等；第二，同化家户和首领具有的明显优势会产生刺激作用。以上两点都与家户作为生产单位的作用和农业管理技巧有关，这意味着6—8个劳动力的理想规模，以及在财产和影响力上家户首领之间的社区内部竞争模式。

跨越帕坦地区南北边界的运动[参阅(边码)第123页及以下诸页]详细阐释了完全不同的形式和条件。南部帕坦人可以成为俾路支人，但是不存在相反的情况；这种转化发生在个人身上，但是更容易发生在整个家户或家户中的小群体身上；它涉及帕坦人失去在严格的宗谱和领地分割体系中的地位，以及通过委托契约(clientage contract)加入俾路支人等级森严的中央集权体系。接受群体中的认可视俾路支政治首领的野心和机会主义而定。另一方面，在本族体系中丧失类似的地位之后，北部的帕坦人迁入科希斯坦地区(Kohistan)，并不断在此征服新的领地。最终产生的影响是，定居社区被再分类为当地不同的科希斯坦部落和群体。

23 也许最令人印象深刻的案例是哈兰提供的达尔富尔(Darfur)案例[(边码)第58页及以下诸页]。这个案例展示了苏丹地区以农耕为主的富尔人(Fur)将他们的身份转变为以放牛为主的阿拉伯人的过程。这一过程取决于非常特定的经济环境:与游牧民族中的投资可能性相比,富尔人农村经济中缺乏投资机遇。积累起来的资本以及资本管理和增加的机遇,促使富尔人家户放弃他们的农田和村落,转变成相邻的巴加拉人(Baggara)的生活,同时,如果这种转变在经济上完全成功的话,有时他们还会加入一种松散但是名义上集中化的巴加拉政治单位。

造成跨越族群边界的人员流动的过程必然会影响不同族群间的人口平衡。这些过程是否有助于平衡中的稳定性则是一个完全不同的问题。为了达到稳定,在反馈模式中它们必须对生态位所受压力的变化非常敏感,可这种情况并不常发生。非瑶族的同化似乎进一步加剧了瑶族增长和扩大的速度,而牺牲了其他族群的利益,这可以被认为是推动不断汉化进程的一个因素,尽管这个因素是次要的,但却使广大地区的文化和民族多样性逐渐减少。帕坦人被俾路支部落同化的速度毫无疑问与帕坦地区的人口压力密切相关,但是同时造成了人口的不平衡状态,尽管北部地区人口压力过大,俾路支部落依然向北扩张。向科希斯坦人同化缓冲了帕坦地区的人口压力,同时保持了地理边界的稳定。富尔人的游牧化补充了巴加拉人,而其他地区的巴加拉逐渐定居下来。然而,人口同化的比率与富尔人的土地压力并不相关——因为游牧化受到财富积累的制约,它的比率可能随着富尔人口压力的增加而降低。富尔人的案例也表明,这些过程固有的不稳定性,以及有限变化如何产生重大的结果：随着近十年对果园的农业革新，新的投资机遇有可能急剧减少，也许在一段时期内甚至将逆转游牧化的过程。

因此，尽管造成身份变迁的过程对理解大部分族群的相互依赖性非常重要，但是它们未必对人口稳定性有利。不过，一般来说，在漫长的时期内只要族群关系稳定，特别是相互依赖性密切， 24
我们就可以预期大致的人口平衡。对这种平衡涉及的不同因素的分析是该地区族群关系分析的重要组成部分。

## 文化边界的维持

在上文族群边界维持和人员内部相互转换的讨论中，有了一个非常重要的问题我没有提及。我们已经看到了各种例子，说明个体和小群体如何，根据其在原来的位置和同化的群体中特定的经济和政治环境，改变其居住地、生存模式、政治依附和形式或者家户成员资格。这仍然不能完全解释为什么这样的变化会导致族群身份的类别变化，而二分法的族群并没有受到人员互换的影响（除了数量上）。在瑶族的情况中，如果收养的大多是不成熟的、在任何情况下都是孤立的单个个体，并将其吸纳入事先建立的家庭，这类文化上的全面同化是可以理解的：在这里，每一位新人都完全融入瑶族的关系和期望的模式中。在其他的例子中，这种身份的彻底改变的原因不十分清楚。人们还不能证明身份的彻底改变取决于普遍的可归因的文化整合规则，因此，某个群体的政治实践或者在生存和经济条件下的生态适应模式的假设，也需要采用身份变迁的其他部分和形式。实际上，帕坦案例（Ferdinand 1967）直接否定了这种观点，因为帕坦族群的边界跨越了生态与政治单位。利用自我认同作为族群身份的重要标准，帕坦人的小群体很有可能承担俾路支部落成员的政治义务，或者从事科希斯坦人的农业与畜牧业，而仍然自称为帕坦人。同样，我们可以推测，富尔人中的游牧化会导致富尔人中出现一个游牧部分，其生计方式与巴加拉人的相似，但是在其他的文化特征和民族标签上又与他们不同。

显而易见，这正是在许多历史情境中发生过的情形。在没有发生这种情况的案例中，我们看到了族群差异的组织和疏导效果。为了探讨造成这种差异的因素，让我们首先研究一下上述例子中
25 关于身份变化的具体阐述。

在帕坦边界领地的案例中，这个区域的裂变和无政府社会里的影响力与安全源自一个人以前的行为，确切地说，来自以公认的评价标准来判断他在这些行为中所获得的尊重。展示帕坦人品质的主要公共场所是部落委员会以及一些表现好客的平台。但是科希斯坦村民的生活水平使他们的待客之道几乎无法与相邻帕坦人中被征服的农奴竞争，而俾路支首领的依附者（client）在部落委员会里没有发言权。在这些情境下，要维持帕坦人的身份，要根据帕坦人的价值标准宣告自己是竞争者，就等于提前宣判自己在行为上彻底失败。然而，如果拥有科希斯坦人或俾路支人身份，一个人可以通过同样的行为在相应的评价标准下获得相当高的评分。因此，环境的变化本身包含身份转化的诱因。

显然不同的环境有利于不同的行为。既然族群身份与文化上特定的一整套价值标准相联系，那么在某些情况下，这一类的身份可以适当地成功实现，而在某些范围之外，这类成功就会被阻止。

我将论证在某些范围之外，族群身份就无法维持，因为当自身的可对比行为完全不充分时，人们将不会保持对基本价值观的忠诚。[3]在相对成功的措施中有两个成分：第一，其他人的行为；第二，自己拥有的选择。我并不是呼吁生态适应。生态的可行性，以及与自然环境相关的适应性，只有在它们为纯粹的物质生存设定了极限时才是重要的，而族群极少会达到这个极限。重要的是，与之互动并与之比较的其他人的表现如何，以及个人有哪些可供选择的身份和标准。

## 族群身份和有形资产

富尔人的边界维持因素并不能够直接通过这个观点被阐释。哈兰[见(边码)65 页及以下诸页]根据富尔人的标准讨论了对游牧民族生活的评价，发现优势与劣势之间平衡的说法没有说服力。为了弄清楚这个案例的可比性，我们需要更广泛地研究影响有关行为的所有因素。资料源自截然不同的民族志背景，因此许多因 26
素也同时呈现出差异。

个体与生产资源的关系是两个地区间的显著区别。在中东，生产资料通常被视为个人或集体的、明确的和可转让的财产。一个人可以通过诸如购买或租借等具体而又有一定限制的交易来获得它们；甚至在征服中所获得的权利也是标准的、有限制的权利。另一方面，在达尔富尔和苏丹大部分地区，盛行的惯例与之不同。耕地根据需要分配给当地社区的成员。在大部分中东社区的社会结构中，耕地的所有者与耕种者之间的区分非常重要；而在这里，由于所有权不涉及可分割的、绝对的、可转让的权利，这种区分并不存在。因此，在富尔村庄里获得生产资料的唯一条件是加入村落社区，即富尔人的族群身份。同样，即使在巴加拉部落之间，放牧权也没有被分配和垄断。尽管每年各群体和部落往往使用相同的路线和地区，有时也会想方设法阻止别的群体或部落进入自己想占用的地区，但是通常来说他们都是混合在一起，没有明确的、绝对性的特权。因此放牧权是从事畜牧业的必然要求，也是成为巴加拉人的必要条件。

因此，在达尔富尔地区边界维持的总体机制相当简单：一个男人可以通过从事某种生计活动获得重要的生产资料；这包括了完整的生活方式，并且所有的这些特点都纳入到了富尔人和巴加拉人的民族标签中。然而在中东，男人们可以通过不涉及他们其他活动的交易来获得生产资料的控制权；族群身份不一定会受到影响，这就为多样性开辟了道路。因此，在中东，游牧民、农民以及市民都可以属于同一个族群；他们依赖更加微妙的、具体的机制来维持民族边界，这种机制主要与特定的地位和角色组合的不可行性相关。

27 
## 族群与分层

在一个族群控制另一个族群所使用的生产资料时，就会形成不平等性和分层的关系。由此看来，富尔人和巴加拉人并没有形成分层体系，因为他们使用不同的生态位并且对彼此的生态位并不互相依赖。而在帕坦的某些地区，可以发现分层建立在对土地的控制上，帕坦人是地主，而其他群体作为农奴耕种。更笼统地说，分层的多族群体系存在于各族群对资产的控制不同的情况下，而这些资产是体系中所有群体都看重的。因此，在这样的体系当中，各族群文化以一种特定的方式被整合在一起：他们分享着某些共同的价值取向和标准，在此基础上，他们进而做出对等级制度的判断。

相反，分层体系并不涉及族群的存在。利奇（Leach 1967）令人信服地指出，社会阶层是由不同的亚文化区分的，比起等级顺序，亚文化是一个更基本的特征。然而，在许多分层体系中，我们考虑的根本不是分界的阶层：分层只是简单地基于等级概念和自我中心的认可，也就是说，相对于杰出的人和粗俗的人确认出“像我们的人”。在这样的体系中，不论怎样的文化差异都可以彼此影响，而不会出现类似于族群的社会组织。第二，大部分分层体系允许，或者说需要根据界定等级的尺度进行评价，从而实现流动性。因此，在等级制度的“B”级中稍有失败，就会降到“C”级。各个族群对这种渗透并不接受：族群身份的归属建立在其他更加具有限制性的标准基础之上。这一点已经由克努森（Knutsson）对埃塞俄比亚社会背景下的加拉人（Galla）的分析而被诠释得非常清楚了［见（边码）第 86 页及以下诸页］——在这种社会体系中，所有族群根据他们在国家范围内的特权与障碍的情况而被分层。然而获得总督位置并不会将一个加拉人变成阿姆哈拉人（Amhara），作为一个被剥夺法律保护的人被疏远也不会使他丧失加拉人身份。

从这个观点看，印度的种姓制度似乎是多族群体系分层的特殊案例。种姓边界根据族群标准而定：个人在行为上的失败导致

28 逐出而不是降级。等级制度吸纳新族群的过程体现于部落的梵化(sanscritization)过程:部落接受了定义他们在仪式纯洁和污染的等级制度中的地位的关键价值尺度,这是一个民族成为印度种姓所需的唯一价值变化。不同的边界维持过程的分析涉及了不同种姓之间的关系以及不同的种姓制度的地区性差异,我认为这样的分析可以阐释这种制度的许多特征。

作为一种地位的族群身份,先前的讨论在某种程度上阐明了其与众不同的总体特征:归属[4]并不以对具体资产的控制为条件,而是以出身与忠诚为标准;然而,在许多体系中,身份的展演,即恰当地扮演实现身份所需的角色,的确需要这样的资产。相比之下,官僚体制内的在职者可以获得展演角色所需要的资产;而亲属地位则不是以一个人的资产来确定的,同样也不以展演为条件——即便你养活不了孩子,你仍然是父亲。



因此,当分层体系中各族群相互关联时,都需要一个特殊的过程来维持对资产的不同控制。可以把这示意为:族群组织的一个基本前提是每一个 A 都可以扮演角色 1、2、3。如果行动者达成一致,这个假设就可以自我实现,除非扮演这些角色需要以不同模式分配资产。如果这些资产的获得或丧失与 A 无关,并且在追求或回避这些资产时也不考虑某人认同为 A,这个前提就站不住脚:一些 A 就不能扮演他们所期望的角色。在这种情况下,大部分分层体系都靠以下这种解决办法来维持,即认定这个人不再是 A。相反,在族群身份的情况中,解决办法是承认每一个 A 不能够再扮演角色 1 或 2。因此多族群分层体系的持续存在需要很多产生和维持截然不同的资产分配因素的存在:在一些现代多元种族主义体系中的国家控制；在拥有不洁净职业的体系中，全方位引导行动者在评价方面的显著差异；或者在政治和经济组织以及个人技术方面产生明显差异的文化区分。

## 变异问题 29

尽管有这种种的过程，但是族群标签仍包含了许多同时出现的特征。这些特征在统计上毫无疑问地集中，但并不是绝对地互相依赖和联系。因此成员之间存有差异，一些人表现的特征多一点，一些人表现得少一点。特别是在人们改变身份的情况下，由于族群成员资格同时是出身和当前身份的问题，这就产生了模糊性。实际上，哈兰是被带去看“住在游牧营地的富尔人”，我也曾听过俾路支部落成员解释说他们“其实是帕坦人”。当实际的区分以这种方式变得模糊不清时，边界维持和明确的二分法还剩下什么呢？与其对类型划分法的失败失望，不如合理地注意到，人们的确使用了族群标签，而且在世界的许多地方存在显著的差异，借此，行为方式聚集在一起，以至于所有行动者的客观行为都倾向归入这样的类别。令人吃惊的并不是介于这些类别之间的行动者的存在，也不是世界上某些地区的人们并不使用这种方式来归类自己，而是差异倾向于聚集在一起的事实。那么我们所能关注的不是去完善类型学，而是去发现引起这些聚集的过程。

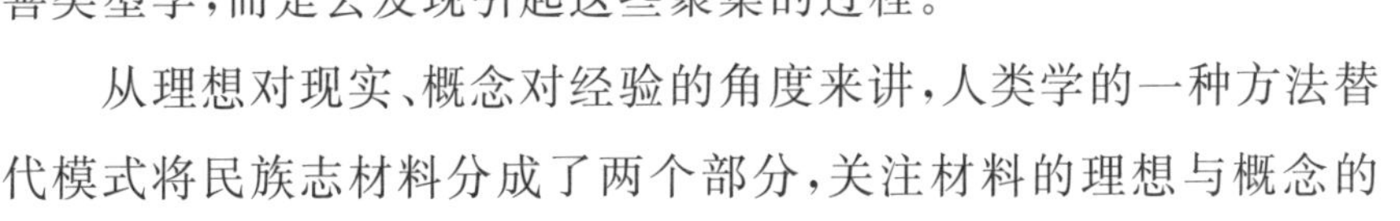

从理想对现实、概念对经验的角度来讲，人类学的一种方法替代模式将民族志材料分成了两个部分，关注材料的理想与概念的一致性（“结构”）部分，并使用一些模糊的规范概念和个体偏常来

说明实际的统计模式。当然，这种方法可以很便利地区分一个民族的社会体系模式与实际行为的总体模式，而且区分开二者也确实是十分必要的。但是，社会人类学中的大量问题涉及的都是如何将两者互相联系起来，这并不意味着通过二分法以及将两者作为综合体系进行对比是最好的阐释。在这些论文中，我们尽量把分析建立在地位与行为之间相互联系的一个较低层次的基础上。我要探讨的是，族群的分类是为了行动，受到互动而非思考的重要影响。因此，在展示族群标签和维持文化多样性之间的关系时，我
30 最想说明的是在不断变化的环境下，特定的分类和价值取向的组合是如何拥有自我实现的特性，其他分类与价值取向的组合是如何往往会被经验所证伪，而另一些又如何不能够在互动中实现。在前一种情况下，族群边界可以出现和维持，而在后者的情况下，边界会消解和缺失。伴随着民族经历对其所使用分类的反馈，尽管存在相当大的客观差异，简单的族群二分法可能会保留下来，他们模式化的行为差异会得到巩固。这是因为行动者在社会遭遇中通过选择性知觉、技巧与认可竭力保留传统上对情境的定义，也因为很难找到其他更充分的经验法则。只有在分类完全不充分的情况下，才会产生变更，这不仅仅是因为在某种客观意义上变更是不现实的，还因为在与行动者相关的范畴内再去分类完全不值当。因此，在附近尽管有富尔人的游牧营地，富尔定居村民与巴加拉游牧民的二分法依然维持：游牧营地的富尔人操富尔语并且和某些地方的村民保持着亲缘关系的事实，没有改变村民与游牧的富尔人互动的社会情境，这一事实只是让他们与其他巴加拉人在购买牛奶、分配营地、获得肥料等标准交易进行得更加顺畅。但是，如果非

帕坦人获得了土地，却拒绝给帕坦人卑微的身份应有的尊重，使得帕坦人处境尴尬，帕坦土地所有者和非帕坦劳工之间的二分法就无法维持了。

## 少数民族、贱民及边缘的组织特征

在一些社会体系中，尽管重要结构都不是以族际关系为基础的，但是各族群仍然共存。少数民族社会通常是这种情况，这种少数民族情况的分析涉及了族群之间关系的特殊变量。我认为在大部分案例中，这一类的情况是外部历史事件的结果；文化差异不是来源于当地的组织背景。相反，事先建立起的文化差异与事先建立起的社会体系有密切的联系，并且以各种方式与当地的生活密切相关。

少数民族地位的极端形式就是贱民群体的地位，它能阐释部分而非所有的少数民族特征。这些群体由于备受贬斥的行为或特
征而频频遭到主体民族的排斥，尽管他们的行为或特征在某些特 31
殊、实际的情况下往往具有使用价值。近几个世纪的欧洲贱民群体（行刑人、马肉与皮草生意人、积肥人和吉普赛人等）例证了大部分特征：作为基本禁忌的打破者，他们被更大的社会所排斥。他们的身份把某种界定强加给了社会情境，这种社会情境几乎没有为他们与主流人口的人际互动提供空间，而这种强制性的地位又表现出了不可回避的弱势，由此他们无法获得参与其他互动情境定义的正常身份。尽管存在这些不可逾越的障碍，这一类群体似乎没有产生内部的复杂性，以促使我们把他们看成正式的族群；仅有

文化上外来的吉普赛人显然构成了一个成熟的族群。[5]

贱民群体的边界被排外的主体民族坚决地维持着，他们常常被迫利用显而易见的差异来突出其身份（因为这种身份往往是高度不稳定生计的基础，过度交流有时可能有利于贱民个体的竞争利益）。在贱民群体试图融入更大社会的情况下，主体民族的文化往往非常盛行。因此，问题就简化成了通过脱离贱民社区和编造另一个出身以逃避不利的污名（stigmata）的问题。

许多少数民族境况中都可以看到被主体民族主动排斥的痕迹。但是所有少数民族境况的总体特征都在于活动和互动的组织：在整个社会体制下，各活动领域通过主流群体成员的共享身份得以组织起来，而少数民族群体的身份体系仅仅与本群体内部的关系以及某些活动领域相关，它并没有为族群成员提供在其他领域里的行动基础，而这些领域在少数民族文化中同样具有重要性。因此价值观和组织功能之间存在差异：有价值的目标位于根据少数民族文化和类别组织起来的领域之外。虽然这一类的体系包含多个族群，但是不同群体成员之间的互动并非源于族群身份的互补性；这种互动完全是在占优势的统治群体的身份和制度的框架下产生的，少数民族成员的身份没有给行动提供基础，尽管其身份
32 在行动地位方面表现出不同程度的弱势。由于在沿海拉普人中存在这种情况，埃德黑姆在他的论文中对此做了详尽的分析。

但是从另一个角度看，在这样的多族群体系之下，各个群体的可对比文化特征呈现在生活中互不接合的各个领域。对于少数民族群体来说，这些领域构成了一个“后台”，在这里，占优势的主流文化污名化的那些特征可以秘密地成为交易的对象。

近来的外部环境造成了今天拉普人的少数民族地位。在过去，重要的互动背景是当地的实际情况，熟悉彼此文化的两个族群保持了基于各自身份的相对有限、部分共生的关系。随着挪威社会的全面整合，北部边陲地带被纳入国家体系，文化变迁的速度大幅加快。北部的挪威人越来越依赖更大社会的制度体系。在挪威北部，挪威人的社会生活越来越多地被组织起来，以追求更大体系下的活动和利益。直到最近，这种体系才在其结构中考虑到族群身份，直到十年前拉普人才开始有了参与这种结构的地位。另一方面，尽管他们面临地处边陲，对挪威语言和文化的掌握也不熟练，作为挪威公民的拉普人却可以完全自由地参与其中。这种状况在别处，比如芬马克的内陆地区，为抱有基于民族多元主义理想的政治纲领的拉普人改革者提供了空间（参阅 Eidheim 1967），但是在埃德黑姆所讨论的沿海拉普人区域里却没有人支持这些拉普人改革者。对于这些拉普人而言，拉普人地位和习俗的相关性在一个接一个领域里减弱（参阅 Eidheim 1966），而在最宽泛的体系之下，行为表现的相对不定引发了挫折与身份危机。

## 文化接触与变迁

在当前条件下，随着对工业社会的产品和制度的依赖性蔓延到全世界，这是一种非常普遍的过程。需要认识的重点是，族群之间文化差异的急剧减少并不简单地和族群身份的组织联系的减少或者边界维持过程的瓦解有关，这在许多案例中都有所展示。 33

通过观察变迁的推动者，我们可以更好地分析两者之间的联系:什么策略对他们是开放的、有吸引力的?他们的不同选择对组织有什么影响?这种情况下的推动者一般指的是具有某种程度的民族自我中心主义的新精英:在工业化程度不高的群体当中,这些人对外接触更加频繁,更加依赖于工业社会的产品和组织。在范围较大的社会体系下,他们不断地追求参与,为了获得新的价值观形式,他们可以在下列的基本策略中进行选择:(1)他们可能试图装作并融入事先建立起来的工业社会和文化群体;(2)他们可能接受“少数民族”身份,通过缩短非接合部分的所有文化差距,适应并竭力减少少数民族的不利因素;与此同时,在活动的其他领域,他们还参与到工业化群体的更大体系之中;(3)他们可能选择强调族群特性,借此来拓展以前在他们的社会中所没有发现的,或与新目标的发展不相适应的新的地位和组织活动模式。如果文化革新者成功实施了第一个策略,那么他们的族群将失去内部多元化的根源,并将有可能作为文化上保守、接合性不高、在更大的社会体系内等级较低的族群而保留下来。对第二种策略的普遍接受将会阻止明显二分的多族群组织的出现——考虑到工业社会的多样性和接合领域里随之产生的变异与多样性——有可能导致少数民族最终被同化。第三种策略产生了许多今天可以观察到的、从本土主义到新政府的有趣运动。

哪一种基本策略会被采纳、采取何种具体形式、成功的程度和累积的含义等变量,我无法评判。这一类因素包括从体系内的族群数量到生态区域的特征和构成文化的细节,在以下论文的大部分具体分析中得到了阐释。一些形式中的族群身份与当前情境下的新领域产生了组织上的联系,这或许值得注意。

首先，在传统社会组织提供的几个身份中，革新者有可能选择 34
强调一个身份。部落、种姓、语言群、区域或国家都有一些特性，使其有可能成为群体的主要族群身份，最终结果将取决于其他群体是否愿意接受这些身份，以及各种冷静的策略因素。因此，尽管部落主义在非洲的许多地区都可能会集结最广泛的支持，但是由此而产生的群体似乎并不能够抵抗实施制裁的机构，甚至是相对初级的国家组织。

其次，族群组织的模式各不相同，所寻求的族际联系也各不相同。现代形式具有显著的政治性，这一事实并不意味着其族群特性有所减弱。这样的政治运动构成了使文化差异在组织上具有重大意义的新方式（Kleivan 1967），同时也构成了使二分化的族群相互接合的新方式。以民族为基础的压力集团、政治团体、独立国家的愿景以及各种亚政治进步组织等的激增都（Sommerfelt 1967）显示了这些新形式的重要性。在其他地区，宗教崇拜运动、传教士引入的新教派被用来以新的方式分化和接合各群体。让人意想不到的是，除了被一些新国家采纳的国家社会主义形式外，这些新模式几乎和各种活动的经济领域没有任何关系，而经济领域在文化接触中是一个相当重要的因素。相比之下，传统上复杂的多族群体系则主要以这一领域的接合为基础，在亚洲和中美洲的许多地区，这是通过职业分化和市场接合实现的，在南亚则是通过农业生产实现的。今天，不断竞争的各族群就教育水平来说往往存在差异，为此他们都试图控制或垄断教育设施（Sommerfelt 1967）。但是，这与其说是职业分化的原因，不如说是因为行政能力与政治发展机遇之间存在较强的相关性。人们可以推测，涉及

复杂的技术分化和对生计的持续性依赖所允许的接合，要比基于可废除的政治附属及权力与政治法令运作所允许的接合更为强大和稳定，这些多族群体系的新形式本身有可能要比旧形式更加混乱和动荡。

35 当政治团体依据民族标准来申明他们的反对立场时，文化变迁的方向也随之受到了影响。政治对抗只有在各团体较为相似且具有可比性时才能发生，这将影响到与政治有关的每一个新的活动领域。因此，对立方往往在结构上变得较为相似，而区分却变得不甚明显。各族群以这种方式组织起来进行政治对抗时，对立的过程会减少他们之间的文化差距。

出于这个原因，政治革新者的许多活动都与习语的编码有关：身份标志的选择、文化区分的价值主张，以及压制或否认其他差异的相关性。关于哪些新文化形式与本土族群身份相融的话题往往讨论得很激烈，但是基于以上所提到的原因通常又倾向于类并(syncretism)。然而，特定的传统文化特质的复兴和历史传统的建立可能得到大量的关注，借此，习语和身份可以得到合理的解释和美化。

被选择加以强调的差异之间的相互联系、被规定的边界以及所支持的有区分的价值观，构成了一个富有趣味的研究领域。[6] 显然，许多因素与此有关。对于不同种类的单位，习语的适用性不同。无论作为获取支持的方式，还是作为在与其他群体进行对抗的策略中的支持，对于革新者的目的，习语的适用性不同。它们在群体内和群体间的分层含义非常重要：它们涉及群体内支配力的不同来源和分配，同时通过压制或美化不同形式的社会污名，以获得来自其他群体的不同认可。显而易见，运动的思想基础和所选择的习语之间不存在简单的联系；然而二者对随后的边界维持和进一步的变迁过程具有影响。

## 族群关系背景下的变异

对于多族群组织来说，其现代变体出现在一个官僚化管理、通讯发达、日益城市化的世界里。显然，在完全不同的环境下，族群
边界的定义和维持的关键因素也会有所不同。当我们的研究处于 36
有限的当代资料的条件下，在归纳族群形成过程时会面临各种困难，因为重要变量可能在我们处理的案例中没有表现出来而被忽略。毫无疑问，社会人类学家往往关注的是殖民和平与外部行政的特殊形势，这构成了大部分有影响力的专著的背景，似乎这代表了大部分时期和地点的情况。这可能导致对前殖民体系和现代新兴形式时的解释出现偏差。在这些论文中涉及多个地区不同案例的尝试，并不足以抵御这样的偏见，我们需要直面这个问题。

从行政管理及其制度与当地的社会生活相脱离的程度上来看，殖民体制相当极端。在这样的体制下，个体通过其自身的社会关系和制度无法企及的庞大人口总量和地区，获得了某些受保护权利。虽然不同族群的成员之间缺乏共同的理解，但这种体制使得他们有了实际接近并接触的机遇，从而明显消除了通常在族群相互关系中所产生的约束。在这样的条件下，互动可以发展和扩散——实际上，只有那些被其他因素直接抑制的互动形式会缺失，并作为非接合部分保留下来。因此，族群边界在这种情况下代

表了以分化和互补价值观为中心的积极的社会关系组织。文化差异往往会随着时间的推移而减少，接近所需的最小值。

然而，在大部分政治体制当中，安全性较低，人们生活在其主要社区之外的专制与暴力更大的威胁下，不安全本身就限制了族群之间的接触。在这种情况下，即使存在潜在的利益互补，不同族群成员之间的许多互动形式也可能不会出现。由于缺乏信任和进行交易的机遇，互动形式可能会受到限制。此外，在这些共同体中也存在内部制裁，这往往会加强共同体内部的公开一致性和共同体之间的文化差异。如果一个人的安全依赖于他所在共同体自发自愿的支持，那么作为共同体成员的自我认同需要明确的表达和

37 确认；任何偏离标准的行为都有可能被解释成身份的弱化，从而弱化安全的基础。在这一类的情境中，不同共同体之间偶然出现的历史文化差异往往在不需要任何积极组织基础的条件下得以延续；因此许多可以察觉到的文化差异可能和族群组织没有太大的联系。



因此地区安全这一变量显然会影响，但不会从根本上改变族群单位维持自身的过程。这也可以从以下论文的案例分析中看到，这些案例代表了从殖民、多元中心直到相对无政府情境的庞大范围。然而，重要的是要意识到，这一背景变量可能随着时间的推移而迅速变化，而在长期进程的预测中，这是一个严重的难题。因此，在富尔人的案例中，我们观察到外部保持和平和当地小规模的政治活动局面，在这种背景下，我们可以描绘族群之间互动过程和互动进度的图景。但是我们知道，在过去的几代中，从巴加拉人与富尔人在扩张的苏丹领地的对抗到土耳其与马赫迪(Mahdi)时代

几乎完全的无政府状态，这种情况已经发生了变化；很难估计这些变化对游牧化和同化过程的影响，也很难对这些变化的速度与趋势进行长期预测。

## 族群与文化演化

本文呈现的观点和分析与文化演化的主题有关。毫无疑问，人类历史是一个新兴文化与社会形式发展的故事。在人类学中这个问题就是这种历史如何被更好地描述，什么样的分析最能有效地揭示变迁过程中的一般规律。生物学领域严格意义上的演化分析方法是以构建谱系为基础。这种方法假定存在边界与边界维持过程可以进行描述的单位，并且在此条件下持续性可以得到详述。具体地说，因为特殊的边界阻止了遗传物质的交换，所以谱系是有意义的；因此人们可以坚持认为生殖隔离(reproductive isolate)是个单位，它一直保持了同一性，不受物种形态变化的干扰。

我认为，族群单位之间的边界也可以被维持，因此确切说明这 38
一类单位的连续性和维持也是可能的，这些文章试图说明，在每种情况下，族群边界都是由一组有限的文化特征来维持的。因此单位的维持依赖的是文化差异的持续存在，而通过由边界定义的文化差异的变化而造成单位的变化，连续性也可以得到明确说明。

然而，在任何时候，与人类群体紧密相关的大部分文化问题并**没有**被边界所限制；它可以相异、被学习和变化，无需与族群的边界维持产生决定性的关系。因此，当我们追溯一个族群历史的时候，并不是在同样意义上追溯“文化”的历史：那个族群当前文化的元素并不是源自以前建构族群文化的那套特定集合，而是该族群有一个连续性的组织存在，尽管不断变化，这些边界（成员资格的标准）依然标明了连续单位的界线。

不能够详述文化的边界，就不可能在更严格的进化意义下来建构谱系。但是从本文的分析来看，对于各个族群来说建构谱系是有可能做到的，因此在某种意义上，对于那些有组织后盾的文化方面来说也是如此。

**注释：**

1 在意识形态上坚决否认族群身份（和等级）的首要地位，是中东出现的普同宗教的特色，在此视角下是可理解的，因为在那个区域的多族群社会中，社会与道德改革的任何运动实际上都与族群特征的规范和标准相冲突。

2 各族群与社会各阶层之间的区分似乎在此讨论阶段存在疑问，将在下文进行阐释。



3 这里我只是关注在大部分成员都能成功维持身份的情况下，个体在维持身份时遭遇失败的情况，但我并没有刻意研究文化生命力和道德失范等更广泛的问题。

4 相对于在短暂的社会遭遇中假定的归类——我思考的是在其正常社会背景下的人，其他人具备关于他以前情况的大量信息，而不考虑偶然发生的向陌生人虚假呈现其身份的可能性。

5 使吉普赛人处于贱民地位的被贬斥的行为是多种多样的，但是主要归咎于他们的流浪生活：最初是与欧洲的隶农制做对比，后来他们被指责为明目张胆地违反清教徒的责任、辛劳和道德等规范。

6 据我所知，米切尔关于卡列拉（Kalela）舞蹈的论文（Mitchell 1956）是这个论题上首个也是至今最具有洞察力的研究。

# 当族群身份成为社会污名

哈拉尔德·埃德黑姆

把族群划分为可对比的文化单位和定义族群边界的问题一直 39
受到人类学家，特别是文化人类学派中的许多学者的关注。文化以及其他“客观性”特质的分布通常是学者们的研究方法得以建立起来的经验性依据。这一类资料的分析也许会为我们提供一幅统计分配图（如果我们有可能对“特质”的定义达成共识），并且也可能会展示出特质的集中度是如何与已命名的族群相关联的。然而，如果族群不是与具有明显差异的经济体系或者是稳固而持久的政治群体相重合的话，就会一直存在“过渡带”（transitional zones）的问题，也就是说，在“过渡带”里，这类的标准使族群边界变得模糊不清。可是在许多这样的地区里，人们自己显然可以轻而易举地确认自己的族群身份资格。换句话说，我们既会发现高度的“同质性”（相当不显著的客观性特征分布），也会发现在本土观念和日常人际交往中所表现出来的族群多样性的迹象（参阅 Nadel 1947，Garvin 1958，Moerman 1965）。

这就提出了一个非常普遍的问题，即从社会关系的角度来看，族群的多样性是如何表达和维持的。

为了分析族群边界的社会组织，我们需要一个相关的参照框架，在这个框架下，根据逻辑上与相关语言一致的概念，我们拣选出了那些我们模糊地称之为“特质”的客观现象。这种分析的基本原则是：族群属于社会分类，这些分类为地位归属打下了基础，所以族际关系也根据这种地位被组织起来。我的材料说明了这样一种情况：在某种意义上族群地位（或身份）是不合法的，因此在制
40 度化的族际行为中是不能表现出来的。虽然如此，正是这种非法性在基本互动的角色担任过程中具有了明确的含义，从而增加了族际关系的形式。

我的案例涉及居住在挪威北部西芬马克的峡湾与水道区域的挪威人和海岸拉普人的杂居区。[1] 在整个西芬马克，拉普人（Lapps）与挪威人（Norwegians）之间明显缺乏“可对比的文化特质”，然而这些族群标签却附着在社区、家庭和个体中，并且每天都在使用。尽管这些标签没有公开地使用，但是其持续性表明，在持有对比和相似身份的群体关系中，族群认同是一个重要的前提。语言符号承载着一种身份分裂，丰富而微妙。我仅仅能够理解和分析这些符号的大体形式和它们各不相同的意义。然而，显而易见，这些符号当中很少可以作为关于族群起源的可对比特征而被归类，也许两种区分开的母语（拉普语-挪威语）是唯一的明显对照。因此，语言符号一定要在当地的社会背景下去理解；在当地的评价模式以及使用诸类措辞例如自给自足、隐蔽性、礼貌、洁净等术语来表达对总体行为的诠释上，我们面临着理解上的困难。

在族群认同被污名化的不利条件下，上述的海岸拉普人成员竭力要取得挪威社会中的完全参与者资格。为了获得这种成员资

格，他们不得不提高能力来避免或容忍当地挪威人的制裁。在下文中我希望能够说明：在日常生活的舞台上表现出来的各种行为方式，是在相互作用的不同领域中组织起来的，这些领域明确地表达和维持了身份二分法。因为关于身份的印象管理受到行动者的持续性关注，因此互动的领域与身份通过日常交流而显现出来。

现在我要更具体地讨论挪威最北部的芬马克郡的族群状况。

在内陆地区的乡镇［在挪威称作自治市（kommuner）］，操拉普语的人口占到了80%到90%，这些乡镇成为挪威拉普文化的大本营。他们当中的挪威人从事各种行政工作、社会服务和商业活动。一部分挪威人与大多数拉普人一样通晓两种语言。在8000
多人口中有15%的人口是驯鹿拉普人（Reindeer Lapps）。冬季他们 41
居住在永久性住宅里，而他们的鹿群就在附近的冬季牧场，到了夏季，他们中的大部分人会离开这个地方与他们的鹿群一起迁徙到北极海岸的海岬和岛屿上。该地区的驯鹿总数略高于10万头（Aarseth 1967）。绝大部分拉普人从事乳品加工业，并把内陆渔业和采摘云莓作为副业。不少拉普人也从事社会和行政工作以及交通运输业。

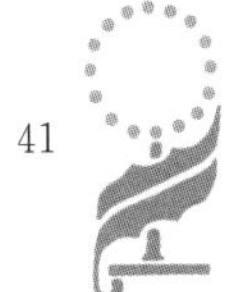

随着人们从内陆地区迁移到峡湾和沿海地区的乡镇，人口中的族群比例发生了变化。在某些乡镇里，操拉普语者的比例非常小，而在另外的一些乡镇里，这种比例达到了20%至25%。（唯一例外是东芬马克的一个峡湾乡镇，说拉普语的人占了一半。）沿着族群界线，拉普人与挪威人一样把农业和渔业结合起来，在生态适应方面没有出现差异。然而，从空间上看，却有族群聚集的趋势。乡镇和沿海的渔村完全由挪威人控制［参阅 Vorren(ed.) 1963，

Kirke- og undervisningsdepartementet 1959]。在峡湾地区,特别是在我们关注的西部,拉普文化的可视性标志(如放牧驯鹿和游牧生活、拉普人服饰和拉普语的公开使用)要么在土著居民中不存在,要么它们就成了给个体归类的相当不可靠的标准(如体型),而在诸如内陆地区这样的地方,拉普文化的可视性标志非常盛行。[2]像挪威北部沿海一带的外围定居点一样,人们靠渔业和小型农业来谋生。服装、饮食习惯、住房、社会制度的主要形式、理想与价值观分布都是如此均匀,以致表面上看来地区之间仅仅存在一些微不足道的差异。总之,对于一个只是对该地区进行随意而又短暂参观的局外人来说,很有可能注意不到族群多样性的标志,更谈不上族群边界了。



作为一名田野工作者,这也是我的第一印象,当然,我知道我只是处在拉普地区的边缘上,但是我的直觉告诉我,我已经走到了一个挪威峡湾社区的内部。直到我深入这个社区,从我自己社会化的日常生活事件中能够观察和学习时,我才对当地族群区分的相关方面变得敏感。因此,我将冒昧地评述我在这一田野调查过
42 程中最初的、我认为也是比较重要的阶段,而不去考虑由于我的愚蠢错误所造成的不快。

起初,我只是被看作一个旅行的挪威人,因为一个完全陌生的人来拜访,却没有明确和常规性的任务,这种情况相当少见,因此我可能显得有点特别。不管怎样,这个社区里的居民都认为向我炫耀他们的挪威特性是再合适不过的。他们通过宣传自己在现代渔业和农业方面的能力,以及讲述他们认为值得称道的、跟自己的素质相关的当地公共事件,竭力凸显自己的挪威特性。许多人喜

欢强调他们的旅行经验非常丰富,声称对挪威的其他地方都很熟悉,他们也忘不了提一下这个峡湾的一些人曾定居到远至奥斯陆、德国、阿拉斯加和澳大利亚。此外,他们还喜欢喋喋不休地详述他们较高的住房标准,与他们在 1944 年至 1945 年向远南地区撤离期间所看到的相比,他们的畜舍质量也得到了提高(1944 年德国人将该地区的所有建筑烧成平地,人口撤离,但是战后通过政府的援助项目,峡湾社区又重新建立起来,人们再次在这里定居下来)。主妇们骄傲地不断展示着她们装修精美的厨房。在我看来,她们似乎对洁净抱有一种狂热,并且数小时滔滔不绝地讲述她们对日常家务料理的细心和良好习惯,她们引起了我的兴趣。(在当地的挪威本土理论中,不洁净是拉普人的恶习之一。)

她们用流利的当地挪威方言来讲述这些,但是很少有人——如果有的话——完全精通挪威方言,因为拉普语的结构在某种程度上可能干扰了她们的言语,所以她们讲的挪威语稍微有点结巴。在社区已经放弃拉普语言的家庭里,这一点表现得更加明显(见下文)。

在我们的对话中,我已经提到了几个当地人渴望探讨的主题。作为纯粹的主题,它们都符合标准挪威话语的规范,从社会学的层面看,这些主题有可能被认为是无关紧要的。然而,正是这种一再发生的主题管理,再加上暗示着人口中族群分化的主题被明显回避的事实,最终导致我把这些主题看成是身份显示过程中至关重要的部分(参阅 Goffman 1959)。当我的社会化继续到下个阶段时,这一点对我来说变得越发清晰。

我逐渐将自己的兴趣集中在拉普人这一群体上,并通过向他

43 们讲述我的研究，以及复述书本上关于这个地区的记录，我小心翼翼又具体地表露出我的意图，这显然从深度和具体性方面加深了他们的心目中我是一个最不同寻常的挪威人形象。然而，不用说，我的兴趣和问题惹恼了社区中的大部分人。当有关于我的兴趣的谣言通过厨房里的谈话而被四处传播时，一些年轻人连着几个星期回避我；他们把我当成了多少有些令人讨厌的密探。另外一些人，尤其是一些中年人，向我吐露了真情。我以一种拉普人可能视为远非消极的方式去关注他们，而我也似乎成了一个有关广阔社会的有用信息源（当然，其他的人类学家也经历了相似的田野情境）。因为没有触及有关族群特征的争议，人们慢慢地把我当成了可以接纳的陌生人，在与我的交往中他们也变得轻松了许多。他们越来越不在意在日常生活中习惯使用拉普语的“秘密”，当他们发现我能在简单的对话中使用拉普语时，我们建立了彼此信赖的关系：比起过去，现在我开始可以公开而直接地提及族群特征的问题。在我最初的社会化中常常涉及的讨论主题越来越淡入到背景里了。然而，除了在独立居住的家庭和三四个人的小群体内，我从来没能够使这个社区的人参与到这些有关族群特征问题的讨论中。在公开接触时，比如 10 至 15 人参加的聚会上，商店里聚集的小批顾客中，或码头上等待当地轮船的人群里，我几乎不可能取得成功。

总之，田野工作的第一个探索阶段把我带入了附近的一些社区包括这个乡镇的行政中心，最终也让我了解了一些基本的社会事实，这些社会事实与他们把我当成普通的挪威人向我所呈现出的表面现象不一致。

这些事实包括：

1. 这个地区的人对彼此非常了解，能够准确地划分拉普人或挪威人[或芬兰人(*Finn*)和达扎人(Dáža)——这是挪威人和拉普人各自的标签]。

这一事实只存在于当地的几个区域：按照互动和交流，我把该区域定义为：这是一个人们对彼此的居住地、遗产、社交活动和个人倾向都了如指掌的地区。因此，我们必须从中心固定点的角度 44 来使这个地区形象化，在这一案例中，固定点是我的田野工作集中于此的“峡湾社区”。很明显，被如此定义的区域没有明确的边界；它代表着个人信息领域的高度集中；但是考虑到目前的意图，我们可以认为在30—50公里的播散范围内，它包括从一两户到上百户不等的分散小社区，人们把这些社区看成是拉普人和挪威人以不同比例居住的社区。我所进行田野工作的峡湾社区是拉普人最多的社区之一，大约150人中有6人被归类为挪威人；而乡镇行政中心的挪威人最多，300人当中大约有20人被归类为拉普人。

2. 在峡湾社区里，50多户里大约有40户将拉普语作为家庭语言。在使用挪威语的10户家庭中的每一户里，至少有一人懂拉普语并在其他的社会环境下使用拉普语。在家庭之外，拉普语成为更大范围内的交流媒介，但是语言行为表现的是：拉普语必须被看作一种秘密语言或语码，往往只有在涉及可靠的拉普人身份的条件下才可使用。

这些事实清楚地表明，拉普人身份问题是一个受到普遍关注的话题，掌握了这些事实，同时也意识到社会空间维度肯定是有效的观察架构，因此我可以进行更多选择性的数据收集。

毫不奇怪，峡湾社区的拉普人中我最要好的朋友们这时开始向我承认他们个人身份的两难处境。这往往以坦白的形式表现出来：他们毕竟是拉普人。他们的父母和祖父母生活在茅草屋里，他们当中的一些人最晚住到了20世纪30年代。在当时，一些人甚至还穿戴拉普人服饰，拉普人的胶质鞋在第二次世界大战以前相当普及。没有完全精通挪威语，以及在和自信傲慢的挪威人的互动中由于这种或那种原因所遭受到的恶意和嘲弄都困扰着拉普人。他们甚至心存怀疑：他们在峡湾低下的生活水平和工业企业的匮乏可能源自于他们低劣的种族身份。[3]他们说“拉普人肯定很愚蠢”。他们也确信一般的挪威人也都持有这种看法。在所有细节中他们悲惨的自我形象正如当地挪威人所定义的那样都成了拉普人身份污名的反映。

45 这种窘境在十六七岁至五十岁的人身上表现得最为充分，因为这些年龄组的人具有最为强烈的抱负心；精神病学家有可能会认为这部分人口有身份神经官能症的倾向。

在一篇关于宾客关系的文章中(Eidheim 1966)，我描述了峡湾社区的人们是如何对待游牧拉普人的。峡湾居民炫耀卖弄似地表现着“挪威人”身份，展示他们对契约关系的偏爱、崭新舒适的房子、他们的洁净以及他们对挪威语的熟练掌握。然而，正如我所了解的那样，那些他们归类为达扎人(挪威人)的关系则反映出了他们处境的另一面。

一般来说，人们可能认为导致他们陷入困境的基本原因是，为了获取他们所重视的物质和社会资料以及分享社会机遇，人们不得不放弃或掩盖被挪威人看作是拉普人身份标志的那些社会特征。

这一点必须要在当地生态和社会的某些特质的背景下去理解。[4]当地资源即耕地和渔场的数量很少或者几乎没有为生产的增加或多样化提供任何机遇。单个家庭层面的资本经营并不存在(唯一的例外就是当地的私营店主)，也没有任何其他能够促进邻里社会的社会分化的协会或企业能站稳脚跟。[5]只有很少的家庭能够或者愿意完全生活在邻里和亲属关系的圈子里，或者仅仅靠当地的渔业和他们的小农场的收益(一两只牛和四到六只羊)来生活。因此，要取得更大范围的成就，只能通过在峡湾社区外的职业或至少是临时的付薪工作来获得，在这样的工作条件下，挪威人就是他们的社会伙伴，而且还占据和担任着正式和非正式的权威职位。

除了与游牧单位成员的“宾客”关系之外(Eidheim 1966)，这些峡湾居民与内陆地区的拉普人没有任何联系。他们从来不去那些地方，他们对大众媒体中有关于拉普人少数族群状况的争论漠不关心，他们处在为巩固和振兴民族团结精神(*esprit de corps*)而进行的拉普人运动的影响范围之外。他们的取向和社会抱负被局限在一个社会区域里，在这个区域里，当事人要么是有挪威身份的人，要么是和他们一样具有同等机遇条件的人。 46

上述说明显示，这里的互动是在三个不同性质的领域里组织起来的，即(1)公共领域，(2)拉普人封闭领域，(3)挪威人封闭领域。这三个领域中的每一个都与特有语码、主题以及评价联系在一起，同时通过当事人的族群构成而得到进一步的区分。广义形式下的这三种领域都是在特定的双重背景中作为族群继承的一种组织结果而产生的。然而，属于这种或那种领域的行为都是随情境而定的，它取决于确定的环境或机遇条件。

首先存在公共领域里的互动。在峡湾社区内部属于该范畴的最常见的互动是由一个或多个当地挪威人参与的场合。诸如婚礼、葬礼和洗礼这类大型的、不常见的庆典活动；较为常见的是社区日常生活中的一些接触。当地公立学校所有正式的有组织活动也属于这一领域。因此，不足为奇的是，儿童和青少年所涉及的校外广泛的日常接触范围里也包含了这些公共的弦外之音：使用挪威语码，并且主题和评价也属于公共领域的范畴。[6]

峡湾社区的居民认为，向孩子们说挪威语是“必要的”，因此也是“正确的”，他们说“孩子们不应该和我们有同样的缺陷”。在商店里的一小群顾客间的互动也属于公共领域。甚至没有挪威人在场的情况下（店主就是当地的拉普人），人们认为把这种场景定义为公共领域也是合适的。店主本人就是明显的引导者，如果碰巧有人用拉普语提问，他会不客气地用挪威语回答。

正如上文已经提过的那样，这一交流领域内的语码是当地的挪威语。互动所围绕的主题是峡湾社区及其外部日常生活中的家务劳动和常规问题，评价与挪威北部的沿海文化相一致。

当人们暂时处在峡湾社区外的时候，他们同样把与挪威人的互动定义为公共领域里的活动。从行为主义的角度来看，包括挪威人和拉普人在内的当地人都使用这个领域里的习语来表现自
47 己，正如我在上文所描述的那样，只要他们把我当成陌生人，他们就会通过这些惯例来限制我。

当然，也必须根据不包含在公共领域内的社会属性或行为来定义公共领域。这种行为首先是拉普语的使用，其次是主题、背景

和其他可能指向族群分化的暗示以及被认为是拉普人身份展示的一些其他行为。对于一个挪威人来说，清楚地展示自己的挪威人身份并且关注族群分化是相当普遍的，甚至某种程度上要比拉普人所表现的相应行为更加合法，因为在公开情境下的角色担任过程中这一点是非常含蓄的，并且与挪威化目标一致（参阅注释 6）。我将举例加以说明。

普尔是峡湾社区的拉普人，在小镇的教育委员会供职，该委员会在小镇的行政中心定期召开一些会议。但是他在这些会议上从来不去支持他所在社区的一所面向拉普人的公立学校，他也不向船上同行的旅客建议有关当地汽船的事情——国家在边远地区经济开发项目中遗忘了沿海拉普人。

那么普尔为什么被看做是拉普人？为了回答这个问题，我们必须了解挪威人所寻找的种种综合迹象。这种综合征状或意象与戈夫曼所运用的“污名”这一术语几乎处在同一层级（参阅 Goffman 1963）。有大量这样的迹象，它们不均衡地分布在个体中。在普尔的案例上，我们可以列举一些最相关的迹象：(1)他来自某个社区，挪威人用一种有点走样的方式来称呼这个社区的名字，这就流露出一丝对该社区拐弯抹角的侮辱。我们可以认为，正是这个诨号把这个社区里的人与拉普文化的空间尺度联系在了一起；(2)他具有被认为是拉普人容貌的特征；(3)他操一口不太流利的挪威语；(4)在教育委员会的会议讨论上他几乎起不了积极的作用；(5)比起一般的委员，他经常不出席会议，并且也不委托别的代表去出席；(6)他“固执己见”，这一点甚至在行政中心也得到了证实，在行政中心他频繁地拜访一个被认为是拉普人的家庭。[7]

在教育委员会会议上，普尔和一些来自这个社区的其他人遭受着具有挪威人身份的委员的对抗。一个普通的挪威渔夫和小镇
48 学校的督查员尽管在许多方面有所不同，但是从另外更加关键的层面来看，他们属于同一类人。普尔认为，比起他本人，他们更加了解适当行为和有效行动的细微差异，客观上他们更加熟练地掌握了语码。他们“具有”正确的身份，这使得他们在委员会的会议上成为公认的牵头人，而他只不过是某类随从而已。

目前为止，我所提及的有关于公共领域里的互动使我们能够总结一些该领域的特征。其中最值得注意的是，该领域的互动是在挪威人占优势的情境与机制内发生的。然而，一个不容置疑的定见是，当地人口是由拉普人和挪威人两个族群所构成。但可以公开展示拉普人身份并没有成为一种可被选择的做法，因此在公共领域中并不存在制度化的互动，在这种互动中拉普人可担任各种角色，或者说，拉普人和挪威人不再地位互补。使身份分裂(identity cleavage)公理永久保持下去的是这样一个事实：在公共领域当中，人们能够根据他们的任何角色行为来确认彼此所属的不同族群类别。这一事实强化了附着在族群类别上的种种综合迹象，以及不同身份在社会环境中被折射出的观念。在此背景下我们可以推断，就整个沿海拉普人尽可能避免用当地语言符号和标志来暗示他们的身份，做一名拉普人是印象管理的主要制约因素。

在该地区，在所有人们相遇和互动的地方，沿海拉普人与挪威人之间的这类公开接触都成为了日常生活的一部分。可以说，当这种相互认可的、现实的关系内涵在公共领域里没有受到严重(当然，严重程度必须受到情境定义的约束)侵害时，关于共享身份的

伪协定(pseudo-agreement)被建立起来。公共领域看似毫无问题的互动流,或者说,互动流一直持续的事实表明,公开接触的总特性反映出了相互协定,甚至对于陌生者来说,这种双方的互动已经非常充分。[8]然而,从族群的角度来看,每一方都会转向封闭的后台,根据身份来诠释和讨论公开接触中的惯常内容。我尽一切努力所观察到的拉普人的封闭后台构成了一个只有通过与公共领域相比较才能理解的交流圈。正是在二者的连接中,即建立公共场合与族群封闭后台的常规区分中,身份的组织意义才凸显出来。 49

我认为,略去对挪威人封闭后台的深入讨论,也就是说或多或少把挪威人的封闭后台视作理所当然的,而更多地去关注拉普人的封闭后台,这可能属于防御性简化(defensible simplification)。如上所述,在我作为田野工作者的社会化考察中,如果不是作为完全的参与者,那么至少是作为一个毫无恶意的旁观者,我逐渐被允许进入这个交流圈。

拉普人的封闭领域与拉普人之间的亲属和邻里关系相一致,但它也包括更广泛区域内彼此都知道对方是拉普人的非亲属和非邻里的关系。拉普语是交流符号,除了几乎不懂或根本没有掌握拉普语的小孩子之外,在该领域内的交流中不会使用拉普语要受到消极制裁。考虑到拉普人在公共领域的参与以及在邻居、亲属和朋友之间使用污名化符号的偏好,很明显,日常例行的接触需要敏捷的社会理解力,并且也要熟练掌握定义和再定义场景所需的共有技巧。

在社区内部的日常生活中最常见的偶发事件是一位当地挪威人进入事先建立起来的封闭后台。那么人们会立即从拉普语转到挪威语,话题也随之进行调整。在一般意义上来说,挪威人不仅把拉普语视作劣势语言,而且认为,在他们面前如果有人使用拉普语是非常不得体和挑战性的。(所有的挪威人都是单语者。)当然,现在这类情况也常常发生,即在这样的封闭后台中,当地挪威人处在语言行为的听力所及范围之内时,这常常会提醒他们,他们生活在怎样的人群中。挪威人也允许我进入他们的封闭后台以便“加深”我对拉普人综合征候的理解,由此与他们脑海中对拉普人根深蒂固的看法达成一致,同时也为了将拉普人综合征候和他们所认为的挪威人特征进行对比。[9]

在峡湾的家中,不断变换的语码与主题的技巧并没有让人感到不便;封闭圈里的交流总是可以稍后恢复。然而,不同的情况需要有不同的解决办法。行驶在峡湾航线的汽船是一个公开讨论的地方,它具有相当重要的社会性。在汽船上人们互相交流着信息、传递着流言,在这里他们遇见了熟人也碰到了陌生者。挪威人和拉普人混合在了一起。在这种背景下,人们也许会期待以下列任意一种或三种身份去交流:(a)以乘客的身份,他们根据公共领域的惯例来为交流的场合定界;(b)作为挪威人,他们为乘客们的封
50 闭场合划定范围;(c)作为拉普人,他们同样要确定乘客们的封闭场合的界限。然而经验所观察到的现象却是从(a)到(b)或从(b)到(a)发生着几乎察觉不到的变化(意味深长的眼神交流、含蓄的沉默或者闪烁其词—— 一种一般演说中的元交际)。另一方面,尽管船上拥挤,为了防止(身份)泄露,小船几乎没有提供任何有利的空间安排。即便如此,从(a)到(c)或从(c)到(a)中也存在着发生频率相当高的、清楚无误的角色转换。当一位拉普人已经与作

为角色伙伴的另外的一些拉普人和挪威人扮演了一段时间的乘客角色之后，为了与他已经可能有半年多没见面的一名同行拉普人乘客交流，他更倾向于转换成亲戚或朋友的角色。他们两个都希望用拉普语相互问好和交换信息，于是在空间上他们临时把自己与公共场合隔离开来。因此，由两三个人组成的小群体会在走廊里、楼梯平台上小声地用拉普语交流上几分钟，如果天气不错的话，他们也会在围栏边彼此站得很近。片刻之后，如果有挪威人或不明身份的人靠近的话，在这位干扰者进入听力范围内之前，他们会自然地把这种情境再次定义到公共领域中。

在沿海汽船甲板上的交流动态可以作为对一些重要观点的阐释。一般的公开情境几乎为挪威人提供了实现他们各种意图的最佳条件，因此挪威人身份的维持并不是一个十分受关注的问题。但是，对于拉普人来说，他可能会发现自己处在十分尴尬的境地。如果他忽略了拉普人，也就是说，在某种意义上他继续用公开领域里的惯用语来扮演乘客角色，那么他与拉普人的亲戚、邻居或朋友关系就会受损；如果他为了维护这样的亲戚、邻居或朋友关系而避免在公开领域里的接触，即使他在声音空间上控制得非常好，他依然被认为是隐性的拉普人。

通过对比，一些至关重要的否定述辞可以合乎逻辑地被推论出来，同时也可以凭借经验察觉出来：就身份来说，全体乘客从未分成永久性或半永久性群体；既属于公共领域又属于拉普人领域的角色同步性也永远不会被观察到。

在某种情况下，出于某种目的，拉普人和挪威人的身份会在一段时间内融合在一起，在这种情境下，如果声音空间可以被控制的

51 话，公开的挪威型与封闭的拉普型之间的交替或转换将不可避免地产生。一艘运输船到峡湾来装载干鱼时我就见证了几次属于这类性质的工作场景。五六个当地人和三个挪威船员一起参与到一项工作中，这三个船员的主要工作是整理船只。空间背景是停靠在码头的一条小船，岸上有间相对较大的仓库用来储藏干鱼。当只有这几个本地人在码头上或者他们直接和码头边的船员对话时，他们使用挪威语，当他们进了仓库后他们就使用拉普语；每当他们走出仓库门时又转换成挪威语。

我们已经看到了拉普人污名不仅与公共场合的行为有关，而且与来自他们族群的同质性封闭场合的无意识（身份）泄露有关。还有另外一种不是非常普遍的变体：一方受到严重冒犯以至处于愤怒之下他放弃了所有伪装，于是公开的族群间的争端就产生了。一般说来在这类的争端中势必是挪威人有最后的定夺权而拉普人是失败者。我来回顾几件事情作为这类变体的例证。一位来自峡湾社区的男子有八个兄弟姐妹，他是个师范生。多年来他一直在东芬马克的一个社区里任职，西芬马克的人都熟知那是一个拉普人占优势的社区。在他的峡湾老家里刚好有个职位空缺，于是他去申请这份工作。这意味着向以挪威人为主的校董事会发起了挑战。他们似乎反对让一位拉普人教师在拉普社区任教。用他们的观点来看，前任挪威教师在峡湾社区开展了非常成功的挪威式教育。他们担心新来这位教师可能会改变这一切。据报道称，有一位董事会的成员曾在公开场景下说，“让他和拉普人就待在东芬马克，他最适应那里的条件……”这位男子没有得到这份工作。

举例来说，即使在校董事会这样的有威望的机构里或者像海岸汽船上的公共领域里，挪威人规定行为标准的权力从来没有受到拉普人的公开质疑。然而，不是所有的挪威人都被赋予了定义场景和设定标准的同等权力。通过招赘婚姻（uxorilocal marriage）来到峡湾的一位男士就是这种情况的很好例证。他非常傲慢地突出他的挪威性，一刻不停地传播着拉普人邻居们的流言。他挑拨过峡湾里的大部分人，偶尔他独自和几个当地拉普人在一起的时候，他对场景的定义和角色扮演就会受到一些参与者的摧 52
毁。有一天他和几个当地的拉普人一起动身去修建跨越小溪的一座小桥。像往常一样，他装出是这群干活人里的唯一行家，但其他人怀疑他的技术，争论由此产生。显而易见，他们之间的关系被破坏了。于是拉普人改用拉普语并且根据他们自己的设计继续工作。这位挪威人大发雷霆，几乎失去了理智，他挥舞着胳膊，高声辱骂着别人；但是这群拉普人的优势是牢不可破的。发泄了几个小时后，他愤怒地离开了工作现场，用精练的北部挪威语肯定了这样一个事实："人和拉普人之间确实有区别（*Det er forskjell på folk og finn*）。"这一偶发事件例证了拉普人在公开场合强调"民族团结"的罕见情境。

这类事件虽然少见，但是却具有明确而且往往是持久性的影响。在族群的同质性封闭场合下，这类事件被永远记住、概括和诠释，同时也进一步地强化了挪威人嫉妒性地搜寻着拉普人傲慢的任何蛛丝马迹，然而对于拉普人来说，每一次的偶发事件都代表着一种暗示：在公开领域的角色扮演中要更加谨慎。因此，在公开领域中拉普人行为的一个总体特征就是尽量避免挑衅。拉普人往往要么充当相当被动的伙伴，要么以他们的卑屈和被支使的态度给予挪威人过度的角色支持。如果他提前预料到可能会有集中于他身份的对抗，他倾向于退缩，躲避人群，甚至改换工作地点。[10]

公共领域里进行的互动流这一事实并不意味着交往是建立在关于共享身份的真正的双边协议上。人们很容易被误导去相信这一点，但是我们必须认识到，公共领域里的固有性质是：它没有为拉普人提供展现源自他们的拉普人身份而无需付出巨大的社会代价的行为空间。这类行为留给了封闭场合，在那里，人们在公开接触中常常遭受到的社会危险和失败被过多地反省并在一定程度上得以修复，或者说，通过与其他的拉普人分担苦难，这些社会危机和失败至少会暂时变得不那么严重。长时间的交谈将会产生，例如，在社区外工作了两三个月的成年人回到家里，一下子坐到了厨房的椅子上，脱口而出："太好了，又可以说拉普语了，再不用总是小心谨慎地想着该怎么用挪威语表达自己了。"或者，他会痛骂老板（他可能永远不会面对面地这样做），因为老板交给他一份最糟
53 糕的工作，并且当他认为后者干得不好时便暗示他的拉普人身份。其他人会说一些老生常谈的事例回应着，就这样，谈话不断地持续下去。

现在我们了解了人们在公共领域下的制度化行为中是如何间接地识别彼此，拉普人在非制度化接触中又是如何一次又一次地暴露了他们的身份。同时，我们还看到制裁是何等的间接，也就是说，很明显是对未来角色困境的预测而不是直接制裁限定了并且因此也补充了拉普人在公开情境下所扮演的传统角色的形式。这一点与两个族群范畴间的明显的公开对抗形成了对照，这种对抗在芬马克的内陆地区可以看到［可参见企业案例中的客户动员

(Eidheim 1963),以及成为拉普人本土运动基础的多元论的纲领性理想(Eidheim 1968)]。在芬马克的内陆地区,拉普人身份不仅在公开的人际交往行为的日常性事务的族际关系中有重大意义,而且在社会生活的更加形式化的领域中得到了应有的权利并发挥重大作用,也就是说,拉普人身份与董事会和委员会、乡镇以及对高级别的行政部门都有密切的关系。此外,拉普人身份在大众媒体和志愿者协会中被表露出来,而且在对诸如语言、服饰、民歌和文化史的拉普人本土风格的日益崇拜中展示出来。

与内陆地区的大致状况相比,这里所描述的沿海拉普人地区的拉普人身份只具有非常有限的组织潜力。它仅仅对在有限时空的保护性限制下所建立起来的封闭场合产生作用。内陆地区的拉普人合作活动都属于公开性事务,它也允许拉普人价值观的最大化并得到保护;而在沿海地区,为了建立封闭场合而对时空的操控以及在这些场合下所进行的一切活动,准确地说,都可以理解成隐藏的技巧,并且由此持续下去,这就是人们不可逃脱的障碍(或污名)。

我曾经使用"交流圈"这个术语分别使"公开生活"和"拉普人的秘密生活"概念化。人们或者也可以交替使用"网络"这一术语,并将网络定义为可交换价值流动的关系领域,从而在广泛的行为意义上来理解交换。网络的出现是交换资源在群体中的局部分配的过程。

从这层意义上说,交换资源成为社会环境的一部分(起源、亲属关系、外貌等)并且在人们的行为中(语言的掌握、角色的取用 54
等)得到认可。拉普人的交换资源有可能也受到了封闭场合下的泄露以及偶然的族群间不和的影响。拉普人网络的产生表明有一些交换资源只能出售给确定的人群,也就是说,与自己身份相同的人,而公共网络却表明了一个关系领域,在该领域里通过得体地扮演挪威人角色而掩饰拉普人角色,族群身份被忽略,交换得以产生。

双方尽量表现得举止得体,似乎族群性"无关紧要";然而,我们却面临着一个矛盾的境地:正是族群身份构成了公共网络中的关系基础并且限定了这些关系。在这个网络中,不同身份的人在常见的、狭义定义的角色组(role-dyads)或角色丛(role-clusters)中进行着互动,如果务实的、大致的目标实现的话,交换的"协议"就达成了。比如说,一个挪威商人绝不可能因为他知道顾客是什么地方的人或者由于顾客在询问商品时犯了语法性的错误就去阻止客户/商人关系。而牵扯到"整个人群"的关系类型又完全是另外一回事了。一般而言,这类的密切关系只有在同一身份的人群之间才能实现。在当地内部,拉普人可能会与挪威人建立这样的关系。操着完美的挪威语,长着挪威人相貌的那些人,特别是如果他们愿意断绝和其他拉普人的亲密交往,那么他们会有更多的机遇实现这一关系。这就意味着在这类的关系中族群风格(ethnic idioms)在交换资源里占据了较高的地位。我们继续对以上的话题进行阐述:那位商人的女儿不会考虑嫁给这样一个男人:他来自于污名化的拉普人社区,而且他还长着拉普人脸型、操着有语法错误的挪威语。[11]

在"区域"和"社会环境"这类术语中隐含着这样一层意思:交换资源在一定程度上受到了本土文化和评估的限制,就此而言,交换资源只是在当地有效。迁出本地就可以使超越这一约束的机遇提高。[12]如果一个人有其他的交换资源并且愿意定居在挪威人社区或者本区域以外的小镇，那么他肯定会有更大的可能性建立和完成与挪威人极其紧密或广泛的关系。我曾在上文提到，有历史证据表明，这里描述的共时性情况代表了长期和定向同化（挪威化）过程中的一个阶段。比起个人被挪威化的前区域（ex area）来说，整个拉普人社区的反污名化的漫长过程当然可能是一个更复 55
杂、更令人迷惑的问题。我本人没有在早先——比如说数百年前——被视为拉普人社区而现在是挪威人社区的社区内做过田野调查；这些社区是有案可查的。因此，关于这类过程我所能总结的仅仅是来自目前分析的推论。

看起来，只要人们的行为在当地挪威人群中强化认知二元体系（cognitive dualistic system），拉普人的封闭场合就意味着是一个解决一系列难题的必要方法。这种体系也相当于身份认同的许可和制裁的模式。带着他们要参与到由挪威人定义的公共网络中的强烈愿望，拉普人峡湾社区的居民竭尽全力使自己成为成熟的参与者。许多家庭甚至做出了极端的决定，阻止他们的子女学习拉普语。可以推测，随着他们挪威语水平的提高，他们的行为对身份认同许可的强化性影响也会相应减少，由此所造成的制裁也会相应减少。同样，拉普人网络作为保持紧密关系的重要领域以及作为可能共同承担社会代价的场合，人们期望维持该网络的必要性也会减少。

然而，不仅仅是这个区域和社区的实际行为对当地身份认同的许可产生了影响，它也受到了诸如芬马克郡内陆地区的广大拉普人群体中大量拉普文化公开展示的影响。因为血统观念与拉普人行为相关联，我们可以推测，即使在拉普语被完全放弃后的几代人中，拉普人的污名也会以某种初级的形式盛行，前提是拉普人文化在内陆地区持续繁荣。

这里所谈及的有关这一漫长过程的推论都是不确定的，并且存在明显的局限性。但是，我们必须考虑族群内部分裂的长期持续问题，这些问题通常在我们田野调查场域中所观察到的日复一日的过程里是不会暴露出来的。恰好是基于这样的材料，在某一人群中分析族际关系动态成了我的主要目的，在这个群体中，制度化族际关系并没有直接依照各自的族群地位组织起来，然而尽管
56 如此，它还是受到其影响。在一定意义上它类似于皮影戏。对于当事人来说，具有分类意义的行为方式只有在发掘并且使当地价值观与制裁系统化的条件下才能理解。这些行为方式可能是“客观”的，比如像语言，或者它们包含族际行为一般特征的含义，比如像角色担任。每种身份的组织潜力清楚地在日常生活的舞台上展示出来。

我们必须牢记，正是当地生态和社会的普遍性特点提供了有意义的背景，在这个背景之下，拉普人与挪威人的族群二分法被连接到了一起。族群身份的组织潜力受到了当地环境的限定。因此，驯鹿拉普人和边缘挪威农民的地方背景，比如像盛行在挪威南部拉普人地区的背景，将会产生完全不同的族际关系模式（参阅 Falkenberg 1964）。

**注释：**

1 作者于1960年在此地进行了五个月的田野调查，并在早期发表了关于在这个地区沿海拉普人与游牧拉普人之间的社会关系的文章（Eidheim 1966）。

2 然而，在一些地方，诸如我在大部分的田野调查期间所居住的峡湾社区，集中着某种在今天看来可以被理解成拉普人体形的特征。

3 他们也有现在已经透露给我的其他“秘密”：喜欢吃拉普风味的菜肴，一些老人更喜欢用手抓饭吃，他们当中的三四个老人也穿鹿皮靴（只有在家里）。大部分人在修建新房子时把硬币和其他的护身符埋在地基下面，在宰杀牲畜时他们也使用一些符咒，新年后他们才开始编织渔网，等等。

4 参阅埃德黑姆的文章（Eidheim 1966）。

5 从本世纪初起，建立和运行形形色色的国家协会的当地分支机构的尝试通常是由教师或者其他的达扎特人（dazat）发起。然而，所有的尝试都是短暂的。这一点与罗伯特・佩因（Robert Paine）所提供的关于另一个拉普人峡湾社区的资料有很大的反差（参阅 Paine 1965）。

6 这个学校的主要目的是传播挪威理想化社会中通用的价值观，把拉普人社区挪威化已成为世世代代所奋斗的隐性目标（有时也是非常明显的目标）（Dahl 1957）。在挪威化过程中，挪威教师和在拉普人社区结婚的少数挪威人总是承担着执行者的角色，也就是说，他们要对公共领域内的行为举止的标准做出规定。

7 在这个区域很少有成年拉普人不表现出所列举的第1、2、3和6中的一种或几种污名；通常他们表现出了全部的特征。除此之外，当地挪威人也丰富了这些综合性特征。例如，通过有关的具体角色行为表现出在挪威人的观念中拉普人的诡秘、迷信和愚昧。

8 实际上，如果仔细观察的话，我们就会很容易地发现公共领域是如何在过去的几代里逐渐呈现出新的维度。当然，这是一种定向性长时段过程的迹象，我们称之为同化。

9 例如，他们其中一个人就房子说道：“我决定不接受标准房子的设计图，建 57
这种房子花了我很多钱，但是我要展示给他们看真正的房子到底是什么样子的，它又是如何装修的。”这个人是社区里唯一一个在整幢房子下面盖水泥地下室的人。这幢房子建在了一个垫高的地基上，房子的下半部分用醒目的粉色漆成。他说，“当然了，这里的人们现在都有好房子（你不能想象'二战'前他们的居住状况),但是要记住行政部门强迫他们接受这种标准化住房;如果几年后你再回来,你可能会了解他们维持这种房子样式的意义!"

10 然而,挪威人在公共关系中非常讲究举止策略。他们在私下里告诉我或彼此说道,"是的,他是拉普人,但是他这个人挺不错的。"一位教师说,"我知道我的许多学生都是拉普人,当然了,我使用一些策略不去注意这个事实。"

11 具有代表性的是,嫁到峡湾社区有挪威身份的六人中,有五人是来自这个地区之外。

12 这一类的迁移,特别是未婚年轻人的迁移产生了,但是还没有达到人口都从这一社区流出的程度。

# 民族过程中的经济决定因素

贡纳尔·哈兰

本论文描述和分析了西部苏丹富尔人(Fur)和巴加拉人 58
(Baggara)这两个重要族群间的边界维持过程。我将讨论族群身份的性质和认同变迁中的决定性因素。在讨论中,我会利用在西达尔富尔(Western Darfur)地区低洼旱谷地带进行的一年田野工作中收集的数据。

富尔人有可能是这个地区的土著居民,以杰贝勒迈拉山(Jebel Marra Mountain)作为他们的核心区(参阅第 50 页地图)。他们的语言与苏丹大草原地带的其他语言没有太多联系(Greenberg 1966)。他们是定居的锄耕者,主要依赖雨季种植的小米为生。他们居住在大小不一的村落中,居民人数五十人到数千人不等。总人口可能约为 50 万。

他们的领土东部和西部与其他定居族群的领土接壤[最重要的民族有马萨利特人(Masalit)、塔玛人(Tama)、贝尔蒂人(Berti)、比尔吉德人(Birgid)和达朱人(Daju)]。北部与游牧和半游牧部落[主要有贝尼胡赛因巴加拉人(Beni Hussein Baggara)、放牧牛和骆驼的扎加瓦人(Zaghawa)游牧部落以及各种阿拉伯人的赶骆驼部落]地区相邻。南部有几个巴加拉部落[塔伊沙人(Taisha)、贝尼赫尔巴人

(Beni Helba)、里泽伊加特人(Rizeigat)]。

殖民统治(1916 年在达尔富尔建立)之前,一位富尔苏丹统辖富尔人,有时候也管理邻近的族群。今天苏丹政府维持着该地区的和平。层级分化不大的富尔首领等级制度被纳入到苏丹行政体系中。富尔首领被委派执行行政功能(税收和司法),其决定由中央政府批准(Barth 1964c)。

巴加拉人的历史起源与从 14 世纪起阿拉伯人侵犯苏丹有关。巴加拉人声称自己是阿拉伯入侵者的后裔,并且认为自己是阿拉
59 伯人。虽然他们在文化上仍有别于具有黑人血统的早期居民,但是如今从体貌特征已经很难将巴加拉人与黑人血统的居民区分开来。

巴加拉人是放牛的游牧民族,但是在雨季他们中的大部分人也种植小米。他们被分成几个部落群体,每个群体有被认可的家园(称作达尔,*dar*)和首领等级制度。他们的领土呈带状从尼罗河一直扩展到乍得湖。巴加拉人当地社区是由 2—20 顶帐篷组成的迁徙营地。雨季他们留在适宜放牛的达尔。旱季来临时,由于缺乏水草,他们被迫迁徙到别的地区(Cunnison 1966)。

大约有三万巴加拉牧民(主要是贝尼胡赛因和贝尼赫尔巴部落的成员)要在西达尔富尔低洼地带的富尔人中度过旱季。由于这两个族群开发不同的生态位,因此他们之间的资源竞争并不激烈。在雨季,富尔人进行大部分的耕种,而由于苍蝇和水蛭的侵扰,该地区不适合放牛,也因此不适合巴加拉人生活。当牛侵害旱季灌溉田地时,确实会发生冲突,但是并不严重,因为灌溉农业仍然规模较小。

## 族群类别与族际关系

尽管富尔人和巴加拉人几个世纪以来一直在不断接触，但是文化上仍然保持了各自的特色。在一般的生活方式、生计模式、显性的文化特征比如语言、房屋类型、武器和行为评判标准等方面都表现出差异。

富尔人与巴加拉人的接触受共有的、对各自族群成员都适合的对等身份法则的约束。富尔人和巴加拉人都是穆斯林，因此在仪式场合可能有所接触。巴加拉人在旱季时有可能会在富尔人地区驻扎营地，但是必须受当地富尔首领（宗教先贤或乌姆达）的管辖。在集市上他们提供一些互补的商品：巴加拉人卖牛奶和牲畜，富尔人卖农产品，其中小米对巴加拉人来说相当重要。放牧契约是富尔人-巴加拉人交易的又一个基础。富尔村庄里的成员可能拥有牛，但是雨季来临的时候，在富尔人地区的村庄里养牛是非常冒险的。有牛的富尔农民为了避免这个问题，常把他们的牛交给
巴加拉牧民。巴加拉人把他们的牛放养在自己的牧群里，在雨季 60
时把牲畜赶到自己的达尔里。富尔养牛户可以获得牛犊，而巴加拉人可以获得牛奶。如果牛由于猛兽和疾病的原因而死亡，巴加拉人不负任何责任。

因此，富尔人和巴加拉人的接合主要建立在与他们不同的生存方式有关的商品与各种服务的互补性基础上。他们在发生接合的各个情境中所应用的准则和价值观都是一致的，但是在活动的其他领域却保持了广泛差异。这些差异不只是与他们各自从事农

业和畜牧业所具有不同功能价值的特征相关，而且在诸如语言、与
61 亲属和婚姻有关的标准以及好客的重要性等方面都表现出更多的
任意性。

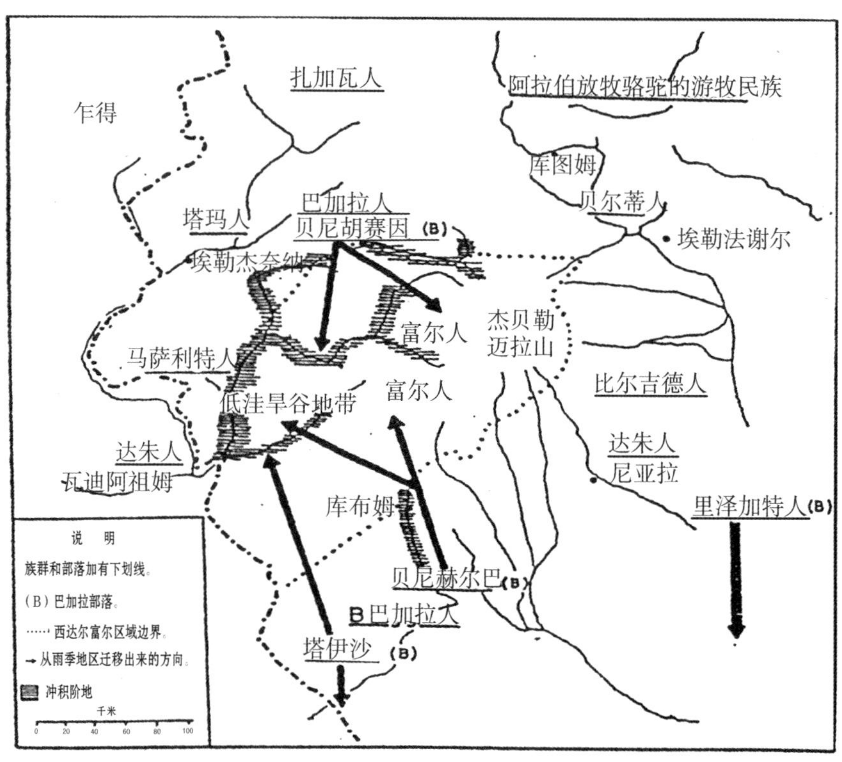


**西达尔富尔地区：主要族群分布图**

在此我要讨论的是，这些差异被维持下来是因为富尔人和巴加拉人都各属于这样的类别，根据这些类别行动者来识别自己人和合伙人。互动通过类别二分法被建构起来：像自己的人，在活动的各领域就有可能和他们建立联系；与自己不一样的人，他们拥有不同的评价标准，因此只能在很有限的范围内彼此产生互动。这

些身份可以通过几个容易辨认的特征而被凸显出来:泥巴和麦草建成的茅草屋村庄相对围成圈的草席帐篷营地,富尔语相对阿拉伯语,投枪相对巴加拉长矛。我认为族群身份的分化意味着对互动的限制,并且也意味着这些限制对保持富尔人和巴加拉人的文化独特性具有重要意义,因为各自的文化独特性只允许族际关系涉及一小部分活动领域。应用到其他活动领域的准则和价值观方面的差异与族群间的接触没有关系,因此没有得到调整。富尔人和巴加拉人普遍接受的观点是:一个人的行为应该根据他的族群所适用的评价标准来判断。

## 身份变化的过程

这两个族群的扩大不仅仅通过生命的繁衍,而且还通过对彼此成员的吸纳。在以下论述中,我要分析个体从富尔人当地社区脱离出来加入到巴加拉社区的决定性因素。我将尽量说明:作为富尔人经济体制中的具体特征以及达尔富尔生态环境对养牛业限制的结果,这些过程是如何得到解释的。

这种经济体系将被描述为一整套可供选择的价值分配策略。这种方法关注的是经济单位及其价值分配形式和体制机制,通过这种体制机制,各种形式的价值会转换成其他形式的价值。

在富尔人中,每一位成年男女个体都属于一个经济单位。[1]婚姻契约并不会建立一个家庭,因此丈夫和妻子构成了两个管理单位。他们有对各自田地的使用权,可以独立规划自己的作物,他们在各自的仓库里储存作物,同时他们也可以独立分配自己的

作物。婚姻契约建立起来的唯一互惠的经济责任是：妻子有义
62 务为丈夫熬粥和酿造啤酒（从丈夫的仓库里获取小米），而丈夫的义务是一年一次为妻子和孩子买新衣服。妻子有责任种植小米来哺育孩子。

被认可为富尔当地社区成员的每个人都有机会获得土地。土地由当地首领管理，并且根据需要分配给社区的成员。只要在土地上耕种就可以获得使用权。土地被耕种几年之后就要休耕，这时候农民就无权再使用这块土地了；重新分配权又回到了首领那里。农民无权转让他的土地。

富尔人中每个成年人个体都拥有农业生产所必备的资源：获得土地的权力和自己的劳动能力。这些资源的管理相对简单。主要农业生产是种植农作物以满足个人的消费。小米是主要农作物，用来制作富尔人饮食当中重要的两样东西：啤酒和粥。一些制度化规则构成了通过交换规则实现价值转化的局限性和可能性。为兑换现金而进行的粥和啤酒的出售由于和此类交易有关的羞耻感而受到限制。但是，啤酒聚会的习俗允许用啤酒来换取劳动力。一个人可以邀请邻居来喝啤酒并帮助他除掉小米地里的杂草，市场惯例也允许农产品和畜产品的现金交换，农产品包括洋葱、西红柿、秋葵、辣椒、小米、芒果和柑橘，畜产品包括牲畜、肉类和牛奶，同时还允许铁质产品和其他进口货物如糖、茶、盐和布匹的交换。由于土地所有权的特性，用钱来换取土地是不可能的。钱与劳动力的交换也受到了限制，因为为钱而工作被认为是可耻的。聘礼习俗允许从现金到妻子的价值转化。而且如果金钱用在了麦加朝圣（*haj*）或宴会（*karama*）上，它就会转化成社会尊重。

在这些制度化规则范围内，一名富尔人为了满足消费需要不得不管理自己的资源。

价值转化有可能处于该框架之内，它的选择性策略可以用图表的形式来描述。

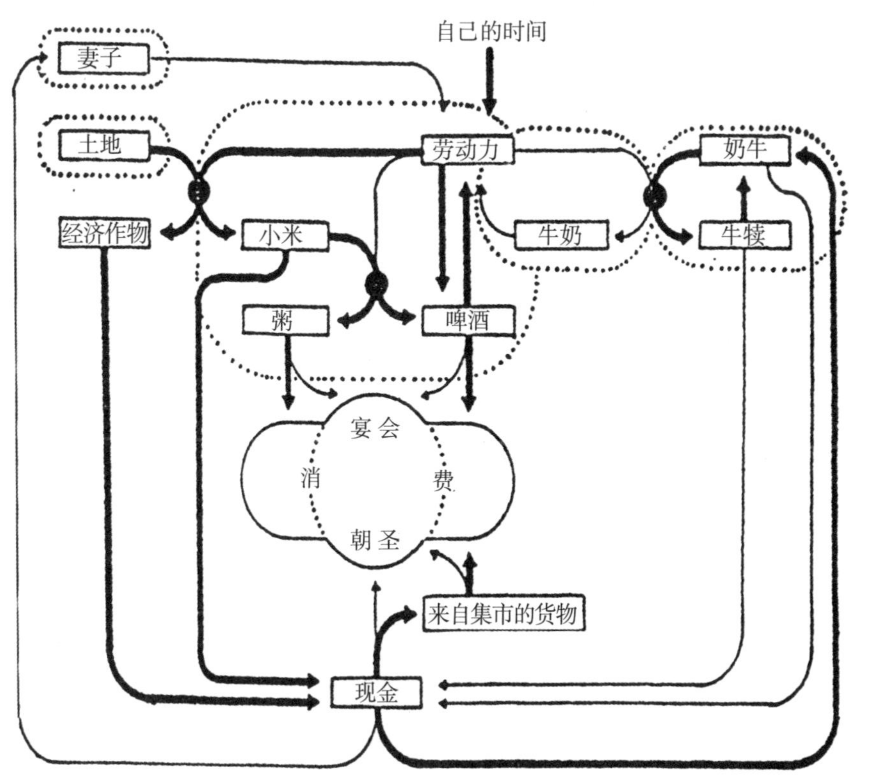


面向低洼旱谷地带的富尔农民开放的主要配置选择示意图。

粗箭头表示主要流向；虚线将各经济领域区分开来。

这是一个多中心体系，在该体系内存在从一些形式到另一些形式的价值转化的限制。因此，一些价值形式并不会相互转化。这就意味着他们彼此并没有可比性，也就是说，人们对产品的相对价值没有概念。在这个体系内只存在两种投资的可能性。一种是种植小米、酿酒并邀请邻居参加啤酒聚会以此获取劳动力。在大型啤酒聚会方面，劳动力的有效性不断下降限制了在这个领域投资的收益性。另一种投资的可能性就是牛。养牛是积累资本的唯一途径，同时养牛也成为一种以牛犊的形式获取利润的投资。除其他因素外，这种投资模式的收益取决于奶牛雨季时在放养区的生长情况。因此，大部分富尔农民更愿意把他们的牛交给巴加拉人去放养。然而，这也是一个冒险的办法，因为对于富尔农民来说，很难知道他们的损失是因为巴加拉牧民不负责还是牧民把他们的牛杀了以后卖了。一个富尔人在养牛上投资越多，他就越要考虑把牛交给巴加拉人所冒的风险。五头牛相当于大约 40—50
64 英镑的价值，这是一笔相当大的数目。富尔农民陷入了进退两难的境地：一方面，农业区不利于牛的成长，可是另一方面，放牧契约又是极冒风险的投资。

养牛的富尔农民经常选择的解决办法是：当他们有 5—10 头牛的时候，他们自己就成了放牧者(Haaland 1968)。这似乎是一个很矛盾的选择：最富有的农民变成了最边缘化的游牧民。作为游牧民，他们将无法维持当农民时的消费水平(就他们对消费品的评价而言)。我认为，当这种选择与经济体系多中心的特征联系在一起的时候，其合理性是可以理解的。

通过作为当地社区的成员，村民们可以自动获得土地使用权。因此，相对于其他价值形式，富尔人对土地的价值是没有概念的。因此，是做农民还是成为游牧民的选择并不等于以土地的形式积累财富还是以牛的形式积累财富的选择。这种选择是：是让自己成为游牧民从而获得牛这类的资本，但是要忍受它所带来的消费水平的下降，还是继续当农民，拥有令人满意的消费水平，但是却要冒着丧失自己已经积累起来的财富的风险。当牛这类资本达到40—50英镑时，富尔人发现第一种选择更为可取。

在选择季节性迁移时，放牧新手不得不考虑到在各个地区养牛和种植小米的条件。牧群越小，越要权衡种植机遇。由于5—10头牛的牧群收入并不多，因此游牧民在很大程度上要依赖于小米的种植。这就意味着在雨季他不能迁徙到巴加拉领地上，因为在那里种植小米的条件比较恶劣。富尔游牧民迁徙到富尔地区较高的沙地上，在那里失去牛的风险要比在地势低洼的农田小，而且种植小米的条件比巴加拉地区好。如果牧群增加的话，考虑到牛群带来的利益，他可能要做出迁徙的选择。当他大约有25头牛的时候，他就没有必要依赖小米种植。雨季来临时，他就迁徙到巴加拉地区。因此在富尔人中，经济上成功的发展开始于村庄并引起富尔地区内的游牧迁徙，最后以在漫长的雨季迁徙到巴加拉地区 65
而告终。

在游牧化的第一阶段，富尔游牧民与富尔地区其他边缘游牧民在一起宿营。由于营地中各种牧群的生长状况不同，因此很容易产生关于迁徙的分歧。当牧场主有了足够的牛要在雨季从富尔地区迁徙出去的时候，一个严峻的形势出现了。如果他开始漫长的迁徙，他就不得不离开说富尔语的游牧营地，而竭力依附于说阿拉伯语的巴加拉游牧民。那么他的子女长大后就要学习阿拉伯语而不是富尔语，并最终会在巴加拉社区选择配偶。每年大约有1%的西达尔富尔低洼地区的人口离开村庄，成为游牧民。尽管不成功的游牧民又回到村庄过着以前的定居生活，并且仍然被认可为村庄的成员，但是一些人设法建立起数量较大的牧群，他们的后代也不会学习富尔文化。在当地富尔人家谱中他们构成了正在消失的家系。

通过游牧化过程，个体脱离了富尔当地社区，并且最终被纳入到巴加拉社区。但是身份的变迁在什么情况下才真正地发生？什么时候一位富尔人变成了巴加拉人？是从他成为游牧民开始的吗？是他有了足够的牛群从而要依附巴加拉营地开始的吗？还是族群转换过程仅仅在子女的身上发生，他们不学习富尔文化，同样，他们也不被看成是任何富尔人社区的成员？为了解决这些问题，我认为有必要详细阐述族群身份变迁的性质以及应用在族群归类中的标准。我们准备将其作为一种长期的个性特征变迁过程来研究并且专注于社会化机制吗？我们应该着眼于游牧民完整的文化清单并且把它与定居的富尔人以及巴加拉人的文化清单做对比吗？或者是我们应该尽量发现人们是如何对游牧的富尔人进行分类的以及分类的重要标准是什么？我将通过对这种游牧化结果的进一步分析来讨论这些问题。

我曾断言富尔人和巴加拉人的身份问题与不同的价值标准有联系。其中一些差异与商品和活动的评价有关，同时这些商品和活动与定居生活方式还是游牧生活方式又紧密相连，富尔人偏向于村落生活，而巴加拉人更喜欢游牧生活。但是，如果一个富尔人成功地积累了牛群，他迟早会意识到保持这种价值形式的最理想
66 方式就是让自己成为游牧民。这种选择暗示着他把自己置于这样一个处境：在富尔人中他将不会再有获取其他价值的权利。根据

富尔人的评价标准,游牧民的消费模式是不能与村民的消费模式对等的,“昨天喝牛奶,今天喝牛奶,明天还是喝牛奶,这太单调了”,一位刚刚成为游牧民的人抱怨道。这意味着啤酒要比牛奶更好喝,但是作为游牧民,他喝不起啤酒。与宽敞而舒适的定居富尔人的草屋相比,人们也经常听到过着游牧生活的富尔人对游牧民居住的小帐篷的恶评。此外,游牧民也没有机会参加诸如村庄舞会、啤酒聚会以及其他宴会等这样的公共活动。当一个富尔人选择游牧化时,他就得面对这些困难。如果他专注于扩大一种价值形式——牛群,那么对其他商品的满意度就会下降。根据富尔人的价值标准来判断,就财富的积累程度来说,游牧民要比村民更加成功,但是作为游牧民,他所参加的活动与村落生活相比显然处于劣势。富尔游牧民是否依然保持着对富尔人价值标准的忠诚,或者他是否更愿意承认巴加拉人身份,并且愿意按照巴加拉文化来评判,对于这些问题,根据富尔人的标准对游牧生活的利弊做出评价,并不能给出一个结论性答案。

然而,游牧营地的整个生活状况完全不同于村落。作为游牧民,一个人的利益完全集中在牛群上,这是他生活所必须依靠的资源,这种资本形式要求在经营上有某种远见,而在定居的富尔农民中并不存在这种管理形式。因此,基于畜牧业的生计产生了对待储蓄与投资的不同态度。游牧家庭更多的合作特征为长期规划提供了基础,而在有组织的小经营者村落社会是不存在这种规划的,在村落社会里个体为了满足社会身份认同的需要,必须参加已经渗透到非正式社区生活的大量活动中。这些情况产生了游牧民与定居者之间的评价差异。那么我们是否可以得出这样的结论:对

于游牧民来说，通过游牧的生计而产生的价值转化迟早会使他不
67 可能再维持对富尔人评价标准的忠诚？来自其他民族志的对比性材料表明这个结论是不正确的。这样的环境并不一定会导致身份的变化。尽管人口遍布各个生态位，并且生活条件也正如定居富尔人和游牧富尔人一样表现得千差万别，但是他们仍然保持着族群上的统一。阿拉伯的游牧民、农民和城里人就属于这一类。

然而，已经成为游牧民的富尔人表现出了几种社会文化特质，使得他不同于定居的富尔人。作为农民，丈夫和妻子组成了各自的家户；作为游牧民，他们用共同的资源建立起了类似于巴加拉人的家户。至于配偶间的关系，过游牧生活的富尔人与巴加拉人之间的相似性似乎要比与定居的富尔人之间的相似性大得多。然而，我们是否可以把这种常规的社会形式作为归类富尔人或巴加拉人的标准？如果可以的话，过游牧生活的富尔人的家庭形式将会表明，当他们作为游牧民来发展自己的时候，他们就必须被归类为巴加拉人。这种观点必须建立在一种假设上，即社会形式的相似性是富尔人采借巴加拉人婚姻关系这种观念的结果。然而，我认为这种家庭形式的变化可以通过一个选择性假设得到更充分的解释，这种假设并没有考虑文化采借（cultural borrowing）（Barth 1968，Haaland 1968）。放牧牛群的这种游牧业意味着存在一些造成富尔人的个体家户模式不足的组织性问题。牛群需要放养和挤奶，牛奶需要搅拌和推销，新的牧场和营地需要选址，小米需要在雨季种植。其中的一些生产活动必须在同一时间进行。因此，养牛业的经济单位不能靠单个的个体建立起来；他们必须建立起包括至少两个人在内的单位。虽然富尔人非常重视经济生活中的夫

妻自主,但是并不禁止合作。只要家庭通过小米种植来维持生活,就不存在集资所带来的巨大经济利益;不论夫妻是共同劳动还是独立劳动,对于生产结果都没有太大的影响。

当富尔人作为游牧民来发展自己时,他把生计建立在更加复杂的生产过程上。如果配偶在合资经济单位中同意劳动分工的话,那么他们会获得巨大的经济利益。在过游牧生活的富尔人中,家户的出现就可以通过集资所获得的共同利益而得到解释。也就是说,不论巴加拉游牧民是否在场,家户都会出现。因此,如果社 68
会形式中显性的相似性是通过生态条件的有限影响而产生的话,那么它们就不能用作族群分类的标准。

观察游牧生活的富尔人营地,我们几乎没有发现显性的、能与巴加拉营地区分开的标准。帐篷的材料都是相同的草席,与巴加拉营地一样,帐篷全部围成了圆形。营地的成员与巴加拉人一样使用同一种类型的材料设备。因此,并不存在标志着与巴加拉人身份不同的差异(但是他们很容易与最近迁移进来的富拉尼*游牧民区分开来)。只有当人们能够识别出他们在日常生活中所使用的语言是富尔语而不是阿拉伯语时,人们才能确定他们的富尔人血统。当有人问起他们属于什么部落(阿拉伯语为贾比拉,*gabila*),他们愿意承认自己为富尔人。事实上,当村落里的一个信息报道人询问我是否想去拜访过着游牧民生活的富尔人时,我才第一次意识到他们的存在。

因此,根据客观文化特征清单,很明确,这些过游牧生活的富

---

* 富拉尼人(Fulani),即富尔贝人(Fulbe),西非游牧民族。——译者

尔人既不能被归为富尔人也不能被归为巴加拉人。他们似乎处于中间位置，所表现出的特征与这两个族群都有关系。如果说这些特征是分类的基础，人们就会认为他们是正在形成中的过渡型类别。那么他们自己和别的族群会认同他们属于这个类别吗？我曾说过当有人问起他们有关部落的问题时，他们把自己看成是富尔人。这一类别定义了他们在与富尔人或巴加拉人接触时的地位，但“富尔人”并不意味着就是他们真实的标签。如果有人问一个巴加拉人属于什么部落，他不会说他是一个巴加拉人，但是他会认为自己是众多巴加拉部落当中的一个部族的成员，比如“里泽伊加特人”或“贝尼赫尔巴人”部落。在这种环境下，“富尔人”这个称呼和“里泽伊加特人”或“贝尼赫尔巴人”都是处于同一层级。这样的名称指的都是一个人的世系。富尔游牧民不能把自己看成是“里泽伊加特人”，因为大部分人都会知道他父亲是富尔人。在这样的背景下，富尔人这个名称用到游牧民身上的事实不一定就意味着他所参与的社会情境是根据应用到富尔人身上的准则和价值观构建
69 起来的。如果我们将族群划分作为一种社会组织原则，将其作为一种分类方法，衡量其具有相同族群身份和不同族群身份的人的互动，那么这就会成为族群分类的重要标准。从这个角度看，过游牧生活的富尔人是被归类为富尔人、巴加拉人还是单独的类别，这都取决于如何定义他们在社会情境中的参与、动员什么样的地位层集，以及在判断他们的角色行为时应用了怎样的标准。

作为游牧民，一个富尔人与定居群体的成员在交易中所提供的给付和巴加拉人是一样的。不管是游牧富尔人还是巴加拉人，在与定居的富尔人互动时，类似于市场的情境是通过相同的地位

层集来确定的。更重要的是，因为涉及让牛群远离灌溉园地的问题，富尔游牧民和巴加拉人与定居的富尔人产生的冲突都是一样的。然而，这些相似性是由畜牧业行为而造成的，非由相同的族群认同。

作为不同的族群，富尔人与巴加拉人有不同的选择权，他们认可这种事实，即他们的行为不是根据统一的标准来判断的。当事人（富尔人和巴加拉人）对游牧富尔人的归类很明显地体现在他们在判断其行为时所应用的标准上。

如果根据富尔人的文化标准来判断过游牧生活的富尔人，人们期望在他们和巴加拉人之间会出现角色差异。而且人们还期望他们的富尔人身份会通过显而易见的文化特征被显示出来。然而，正如我所说的那样，事实并非如此：富尔游牧民的血统可以从一些难以突然改变的习惯（比如语言）中发现。从社会学的角度来看，在角色扮演中所体现出来的显著性差异几乎难以区分。这表明过游牧生活的富尔人与巴加拉人一样都受到相同角色限制的影响。也就是说，他们被按照巴加拉人来分类，他们的行为也根据巴加拉文化的标准来评判。这一点是我的助手（富尔人）和我的一个来自富尔人农村社区的信息报道人在交流意见时提出的，那时我们刚刚参观过一个新建的富尔游牧民营地。在参观巴加拉人营地时，他们表现得非常好客，茶很快端了上来，主人不停地添茶，气氛缓和，巴加拉人在陌生人面前举止大方自信，交流也很轻松。在富尔人社区也存在类似好客的特点，但是陌生人不会得到富尔人的信任。富尔人对陌生人表示怀疑，通常他们要花费很长时间克服
自己的抵触情绪，然后才能参与对话。因此，在展示好客的场合 70

里，富尔人与巴加拉人之间存在质的差异。当我们来到富尔游牧民的营地时，我们所受到的款待类似于在富尔人村落中的，可不能与巴加拉营地相比。茶水迟迟没有端上来，对话进行得很困难，过了一会儿端来了一碗牛奶。在回村庄的路上，我的这两个同事（富尔人）抱怨富尔游牧民的所作所为："这不是牧民待客的方式啊！"换句话说，他们是根据巴加拉的好客标准而不是他们富尔人自己的标准来评价富尔游牧民的行为。

我认为这个事例表明，在富尔人和巴加拉人的明显分化中存在一个非常重要的观点：以游牧为生的人被划分为巴加拉人，也就是说，人们希望他的行为举止要像巴加拉人，他所得到的评价表明他似乎就是巴加拉人。他讲富尔语仅仅意味着与农民的沟通更方便一些。过游牧生活的富尔人在村庄社区仍然有亲戚，但是亲属关系不像以前那样紧密了，只是在与相关的村民进行沟通的有限空间内，亲属身份才变得有意义。游牧化属于可逆性选择的这个事实（如果过游牧生活的富尔人还想成为农民的话，他仍然可以被当地村庄社区所认可）与以上的观点并不冲突。过游牧生活的富尔人拥有巴加拉人所没有的资源，这不是作为牧民就可以开发出来的资源，也不是靠给当地社区任何一种给付就能维持的资源。这种资源仅仅来自对富尔文化的掌握，并且这种知识并不影响他作为游牧民的任何活动。虽然一些游牧民具有一定的背景，如果作为游牧民不成功的话，这一背景依然可以使他们轻松地返回当地村落社区，但是这一切并不会改变这个事实：只要他们从事游牧业，人们就会把他们看成是巴加拉人。

如果我们从社会角度出发，通过行动者持有的类别对游牧富尔人进行归类，归类的难题就迎刃而解了。根据这个观点，当富尔人一转变成游牧民，他就变成了巴加拉人。人们把他归为巴加拉人，因此，他在社会情境下的参与和巴加拉人一样受到了相同规则的制约。通过这种方式，我们回避了将族群认同变化作为人格调 71
适问题所带来的心理问题。当然，这些问题重要而有趣，但是我认为，既然行动者的心理素质不包括在分析范围之内，我们就可以对族群分类的组织意义进行最充分的研究。当富尔人作为游牧民来发展自己的时候，他并没有立即改变他的人格，并且在一些情境下，他的举止也不可能像巴加拉人那样，但这并没有改变人们用巴加拉人标准来判断他的角色行为的妥善性这一事实。施加在他身上的社会束缚与强加在巴加拉人身上的束缚属于同一类。然而，在这些束缚下，游牧富尔人做出恰当举止的可能性更小一些。

因此，游牧富尔人可能被其他巴加拉人看做是下等人，这意味着作为巴加拉人他们是低人一等的，但这并不意味着他们是下等的族群。巴加拉营地里包含成功的富尔游牧民以及他们与巴加拉部落成员的联姻都成为证实这种断言的事实。

由此看来，富尔人与巴加拉人之间的边界维持有可能与生产资源的权利分配有关。被认可为富尔村庄成员中的每一位富尔人都可以获得土地使用权。只要农业用地被实际耕种，富尔人就可以占有这块土地。对于养牛户来说，放牧的通道都是免费的。结果是，一个人只要从事涉及生产过程的活动，他就可以控制生产要素。农业活动和畜牧业活动意味着两种不同的生活方式，这些方式被分类成富尔方式和巴加拉方式。因此，土地权和放牧权不能靠任何具体交易积累起来。只有靠从事认同他为富尔人还是巴加拉人的活动，一个人才能获得使用这些资源的权利。

## 结　论

我尽力展示了引起定居的富尔锄耕者游牧化的决定性因素，并且我也一直认为这种游牧化暗含了族群认同的改变。这一分析集中讨论了今天也能观察到的一些情况，我没有从时间的层面来探讨变迁的过程。我认为，就富尔人特殊的经济结构以及西达尔富尔低地的生态环境来说，一些富尔人的游牧化是必然的。可以假定，这两个因素相当平稳地存在了几个世纪。因此，这也表明变
72 迁的过程具有持久性。



在分析中我所设定的一个既定环境是政治形势。在以族群间的紧张关系和战争冲突为特征的形势下，对身份变化的制约因素截然不同于今天中央政府所维持的和平形势下的制约因素，这种情况始于 1916 年。由于政治条件不同，因此不可能预测每个时期的游牧化比例。然而，我收集了可以追溯到殖民统治之前那个时期的游牧化案例资料，这些资料表明，游牧化也可以发生在达尔富尔历史上的政治动荡时期。

由此，我将假设，自从阿拉伯人来到达尔富尔起，尽管各时期的比例不同，定居的锄耕者的游牧化却一直持续着。在阿拉伯人未到达之前，牛群可以养在条件适合的定居村庄里，但是游牧业作为畜牧业的一项技术有可能没有得到实施。

某些语言学资料也得出了相同的结论：与游牧生活有关的养

牛业方面的富尔词汇明显地起源于阿拉伯语，“富尔”* 就是描述动物本身的词汇。

我认为，在未来，游牧化的趋势有可能会停止。我把游牧化与传统富尔经济中缺乏投资对象联系起来。今天，改变这些环境的变化在不断发生(Barth 1967b，Haaland 1968)。土地与劳动力都不断地被货币化，这也是一种为行动者提供新的投资选择的过程。在我的田野样本范围内的两个村落里，朝着综合市场经济的方向发展得最快，近25年以来一直没有出现游牧化的案例。

游牧化趋势对于富尔人和巴加拉人之间的人口平衡有着重要的意义。根据巴加拉人的生育情况来看，他们可能不会保持目前的人口规模。两种过程导致了他们人口数量的减少：定居化和低生育率。我不能详细说明定居化的比例，但是有证据表明巴加拉牧民不断地定居下来，主要是在城镇或其他地方的农村地区。定居下来的巴加拉人主要是这样一些人：他们不能成功地保持以游牧为生所需要的牛群的最低数额。

我所收集的资料不允许我对巴加拉人的生育率做任何评价。
然而，在我参观的营地里，家庭的构成给人留下的印象是低生育 73
率。概括地说，这可能在巴加拉人中是个普遍现象，有关于性病流行的资料可以证明这一点(El Hadi El Nagar &T. Baashar 1962)。

在这篇论文中我描述了巴加拉人口补充的过程，这个过程是通过个体和基本家庭对族群边界的渗透来完成的。实际上，涉及

* Fur(富尔)与意为“皮子、毛皮”的词汇 fur 同形。——译者

定居锄耕者游牧化的过程并不单指富尔人;在达尔富尔的其他定居族群中也会发生游牧化现象(Haaland 1968)。在苏丹大草原地带游牧化发生的范围可能更加广泛。族群分化的组织作用通过这个事实被清晰地展示出来:游牧化过程并不会导致本族群中游牧群体的出现,而是会增加巴加拉人的数量。

**注释:**

1 关于富尔人经济体系的文献资料和分析,更多细节请参阅巴特的文章(Barth 1967a)。

# 族群与文化的分化

简-彼得·布洛姆

本文旨在探讨族群边界确立所必备的文化与组织要求。我将 74
介绍一个民族国家内农业人口文化分化的案例，在这个案例中，文化分化反映了人们对不断变化的自然和社会环境的持续适应过程。从社会角度来看，这种情况表现出的是：必然产生的分化是在截然不同的适应性条件下以人们共生的相互依赖关系为前提，从而使人联想到所谓的多元社会（Furnivall 1948）。

然而，虽然人们对所观察到的文化差异的类别常常抱有刻板的印象与偏见，但是这些印象与偏见与具有不同的背景和生活方式的群体间的关系没有任何直接的相关性。

结果是，尽管在行为方式和社会组织形式上存在显著的多元化特性，但是整个地区仍然保留了族群同质性。因此，我所提供的是一个反面案例，通过分析，我试图表明，族群认同的组织并不像人类学中常常假设的那样取决于文化多样性本身，而是取决于有限的一系列行为所被赋予的特殊社会意义。

在挪威南部有一批农业人口，他们的特点是直接依赖对高山环境的利用，从事的活动有狩猎、捕鱼和饲养牲畜。这批人总体上被称为山地农民（*fjellbønder*），居住在位于幽深而狭窄的河谷和靠近中央高山高原湖泊流域的当地社区里。[1]这些社区从东北延续到西南并和四大主要地区相邻(见本页地图):东部地区(Østlandet,
75 厄斯特兰代特)以农业或联合农业和木材业为主;在南部地区(Sørlandet,瑟尔兰代特),内陆以小型的农业区和林木区为主,在海岸线上居住着农民和渔民;在西部地区(Vestlandet,韦斯特兰代

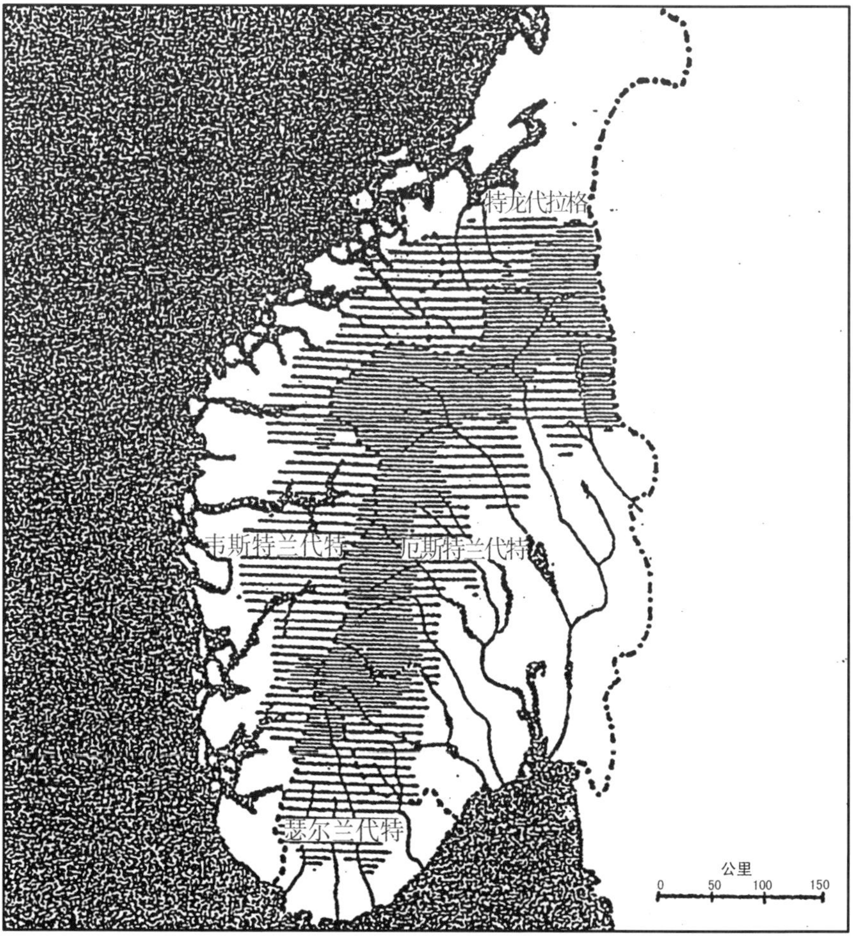

挪威南部。密阴影区:高山社区的准确位置。宽阴影区:某种程度上拥有相似适应性特征的中部峡谷的周边地区和内部峡湾社区。

特），内陆峡湾分布着农业人口，在海岸线上居住着农民和渔民；北部地区（Trøndelag，特龙代拉格）属于富饶的农业区，情况与东部地区相似。挪威农业通常属于牲畜饲养与粮食和块根作物耕作相结合的混合型农业。这些活动的相对重要性取决于生态条件，因此也依地区而异。

如地图所示，高山社区主要集中在海拔 500 至 1000 米的东部 76
地区。冬季气候极为恶劣，夏季短暂（约为三个月）而凉爽，在当地，七月份的气温为 8 至 12 摄氏度，温度适中。地貌以峡谷和山地紧密相连为主要特征。从山地白桦林到开阔的针叶疏林再到诸如帚石南和地衣的高山植被，生态渐变群随着海拔的升高而出现明显的扩展。因为变质岩遍及该地区，所以林地、山坡和平原上禾草丰富，这一切为优良的夏季牧场做好了准备。从地形上看，情况也各不相同：一些峡谷幽深陡峭，其他一些却相对开阔可地形较为破碎。当地的社区或区域都被不同的地形分割成了若干个相邻的农场群（*grender*），只要谷底或低洼的斜坡上有小块的耕地带，这些农场群就会鳞次栉比地集中在一起。这类定居点大多位于远离谷底的冰碛土上，尤其是在受霜冻威胁最小的峡谷北边和东边可以看到。

在耕作的环境方面，这片山区和周围的低洼河谷、平原以及峡湾地区之间存在明显的天然生态屏障。与低地农业区不同，山地社区位于能够保证谷物和块根作物成熟的界限之上或附近。此外，即使有耕地可以种植这类作物，但是根本不足以养活这里的人口。因此“山地人”可以称为边缘农民群体，他们几乎完全靠饲养牲畜为生，大部分时候，他们的田里种植的是用来获取干草的草甸。

考古和历史资料表明，直到低地人口饱和以后，农民才在山地社区定居下来。黑死病之后（1349年），要么作为黑死病的直接后果，要么是因为这里的人口下移到低地，以便获得瘟疫破坏之后空下的农场或租赁合同，大部分的高山峡谷完全或部分地被荒芜下来。直到16世纪和17世纪，高山峡谷才恢复到了它们以前的人口水平。在18世纪和19世纪期间，高山峡谷的人口出现了极度过剩的现象，直到向美国移民和后来的工业发展后才缓解了这种人口压力。

77 因此，我们有理由假定，整个挪威南部的农业人口与山地人和低地人一样拥有共同的文化根源。另一方面，这一群体也形成了各种不同的文化特质和生活方式，以此对生态条件下的不同变异所提出的适应要求和机遇做出响应。低地农民依附于农场，过着稳定而有规律的生活，而山地农民的适应性是基于对广阔地区的开发。他们要不停地迁移，艰苦地跋涉在群山之间；他们既是猎人又是牲畜的购买者。结果山地人往往被赋予这一类的特征：与勇敢而又温和的低地人相比，他们是投机商、手艺人和无赖。

然而，如果我们想要证明生态学方法对文化多样性问题的有效性，我们必须能建立一种模型，显示基于共同文化所产生的这些经验形式的共时过程。

因为高山峡谷主要依赖于牲畜的饲养，所以一个管理单元包括牛、绵羊和山羊在内的资本规模取决于在短暂的丰收季节期间所获得的饲料数量。在传统的生产体系中，夏季的优质牧草为春季产犊提供了保障，因此晒干草成了乳制品生产旺季的一项农事。这种情况阻碍了家庭劳动力的充分利用。因为妇女只能在照料牲畜和制作乳制品的空当里参加这样的劳动，所以晒干草这样的工作都由男人来承担。

此外，高山峡谷中分散细碎的耕地陡峭多石，因此比起有可能使用高效农业技术的低地，在高山峡谷中的耕作耗费了大量的劳动力。

由于相对于耕地数量的人口密度问题，整体而言，农场群规模小以致不能在耕作上充分利用有效的劳动潜力，同样也不能够提供剩余的乳制品。因此，许多农民不得不通过森林和天然草地来获取饲料。与从耕地上获取饲料相比，这种方式需要更多的劳动力投入。

因为这些可利用资源几乎是无限量的，可以肯定地说，获取饲料的劳动投入是这项生产中的最基本要素。

从整体上看，尽管一个有年幼孩子的三代同堂家庭或者是有成年和半成年子女的两代同堂家庭每年都有剩余的劳动力，但是随着畜群数量的不断增多而不得不完全利用优良的夏季牧场，那 78
么在丰收季节，这样的家庭劳动力潜力就太小而无法获取为整个畜群准备的饲料。把这项生产建立在季节工的输入上也是不现实的，因为在这个季节找劳动力并不容易，况且涉及预期利润的季节性劳动力费用相当高。因此，通过吸收额外的成年劳动力来扩大家庭规模并不是一个可行而有吸引力的选择。

考虑到全年可利用的劳动力潜力以及山地农民法律上或事实上所控制的庞大畜牧资源，显而易见，在不断提高使用率方面，可用生产资本成为一个限制性因素。最充分的适应将是尽可能在牧场可利用期间能以牲畜的形式获取季节性资本。

在高山峡谷里，这种状况长期以来一直是并将继续成为生产活动的重要决定性因素。通过从低地购入牲畜，山地农民已经解决了这个问题。这一切都是根据几项制度化安排来进行的：

1. 山地人与低地人在牲畜主要是奶牛和山羊的季节性租赁方面达成了协议，从而增加了夏季的奶制品。

2. 春季山地人尽可能多地收购低地人的牛犊，到秋季时把这些长大的牛再卖出去。

3. 山地人出租山区以供放牧绵羊和马匹。

根据个体农场单元的资源，即牧场和劳动力，这些解决措施可能会以各种方式结合起来。

低地人也发现这样的安排颇具吸引力，有以下几点原因：

1. 它节约了劳动力。

2. 它补充了低地牧场的不足。



3. 它提高了牲畜的质量，因为对于牲畜特别是绵羊来说高山牧场远远要比低地牧场的质量高。

79 4. 另外，这种对资本的需求使得利用未开发资源成为可能，比如西海岸群岛和半岛上的冬季牧场。与家庭独自设法提高生产力甚至通过集约利用来提高生产力相比，这些地区的农民通过出租或出售牲畜可以获得更大的畜群。

以这种方式，山地农民对资本的需求导致许多低地人抓住了这种机遇，把他们的生产体系建立在共生关系基础之上。契约的具体细节依地域和历史时期而异，反映了合作者们不同的策略优势，但是这些策略优势都是建立在高山峡谷和其邻近的低地农业区之间不可改变的生态对比的基础之上。

就山地农民来说，契约基于三个条件：富饶的夏季牧场的可利用性，季节性租赁或购买牲畜的外部市场，以及销售剩余畜产品的外部市场。就山地农民所从事的劳动类型和个体家庭与当地社区所接受的具体组织方案两方面而言，这种资源利用必然产生的模式导致山地农民在文化上与众不同。此外，这些事实不仅仅隐含着专业技术和技能，而且有助于形成山地农民富有特色的生活方式，包括态度和世界观层面上的各相关因素的发展。

成功的适应是以解决许多特殊的技术和组织问题为先决条件的。牲畜在初夏就必须迁往牧场，到了秋天要归还到主人那里或者回到市场上。在公路网还不能够为卡车运输提供交通便利之前，人们要赶着畜群穿越高山峡谷，长途跋涉，然后用渡船把这些畜群运至峡湾地区。长途赶畜群，特别是在秋季和初春，冒着非季节性寒冷和暴风雪赶着畜群穿越高山是非常冒险的。然而，家庭之间的不同合作类型让畜群运输变得更为高效而且减少了风险。合作生产协议也涉及了奶酪和肉类的交易。这些都为后来的共同努力和协作奠定了基础，比如修建通往夏季奶业区的专用公路网，通过联合机动交通工具将牛奶运输到通往乡镇和城市牛奶厂的主干道上，以及建立当地小型的乳酪场。

即便如此，这类畜牧业对于个体单位来说也要承担极大的经济 80
风险。但是，通过对这份冒险性事业的净投资，这类畜牧业也具有了发展的可能性。这是通过购买更多或更优质的牧场或通过季节性买卖一岁家畜来实现的。一个成功的企业必须具有地域流动性，有能力也有可能利用不断变化的市场机会作为投机商的山地人形象被他所从事的驯鹿狩猎人和流动中间人（*skreppekar*）的活动所证

实。山地社区也往往成为招募能工巧匠和乐师的主要区域，他们在更广阔的地区销售自己的产品或专业技术。

上述分析试图展示文化环境的生态和社会基础，这一文化环境在许多重要方面令人联想到多族群社会，也就是基于不同生态位开发，在共生相互依赖关系下，文化上已分化的区域性群体。然而，在多族群背景下，各离散单元的代表们的互动依然恪守和维持着边界，因为他们都通过自己的行动来强调各自的族群身份——以及相应的文化差异——因此他们的关系仅限于非个人化或者特定角色的形式。可是并没有经验性证据来支持这一观点，即山地农民和低地人之间的互动是建立在这类广义族群特征的二分化基础上。相反，人们发现文化差异并没有被当事人传播（Goffman 1959）到交易中。他们表现出同样的价值观，并且使用强调相似性和彼此信任感的一般惯用语。因此，当他们从事相似的交易时，他们的互动大体上与当地社区或区域内个体之间存在的互动是一致的。

这些调查结果将我们带回起点，即由文化多样性所隐含的社会意义问题。就评价标准和他们在社会类别及地位方面的确定化而言，以及就在具体的生态和社会条件下由这类价值观所形成的各种表现形式的社会文化而言，这个问题使人联想到了文化之间的二元分析（Barth 1966，1968）。

因此，如果我们想要以此为基础，解释高山峡谷里专业性活动形式的发展与维持，以及由此形成的传统，那么我们必须能够指出
81 这个群体有意实现一种生活方式的理想，而这种生活方式对挪威人或至少是对于整个农业人口都具有普遍性。

这一点可以通过考察山地农民如何分配他一年的出产得到证明。考虑到他的产品市场价格以及他需要投入到农场的资金，他要留出一些产品供个人消费。同时，使用出售剩余产品所获得的收入买进一些产品，诸如面粉、玉米、咖啡、食糖、家用设备和一些农具。靠着各种营生所获得的财富，山地农民有可能实现与低地农民相似的消费走势。这在一定程度上通过日常饮食体现出来，但更重要的是，这种消费走势也受到了炫耀性消费比如住房和待客的影响。在理想的情况下，利润的一部分作为动产或资金储存起来。这种资本作为遗产或者嫁妆转移给子女，并且用作对那些没有继承到土地的子女们的补偿。这样，继承农场的子女，一般是长子，可以在不损害兄弟姐妹利益的情况下，获得完全的所有权。

因此，可以肯定地说，山地农民不仅认可应用到更广泛社会的一般等级标准，而且认识到要通过努力来达到更大社会里有钱有权者的标准——特别是构成他们自然参照群体的一部分农民——他们也尽力在社区内外获得尽可能高的等级。农民对等级的要求也许最明显地体现在待客方面，因为这种情境以社会认可的形式提供了最可靠的结果。为此目的，大量的食物被储藏起来，这往往是以牺牲日常消费为代价。就山地农民来说，这也常常意味着他和他的家人可能会对自己相当苛刻，由此在社交圈里获得相当明显的等级晋升。

至此，我的分析表明山地人越是参与与低地农民——并通过他们与大部分挪威人——的社会竞争，他的显性生活方式就必定越发偏离处于其他策略位置的人们的生活方式。通过这种专门
化，形成了独特的区域文化；但是多样化的过程取决于各种要素的 82

作用，而这些要素不利于以族群边界的形式将文化差异系统化。面临特定的生态和社会局限性，山地农民尽力最大化他的奋斗目标，如果他的企业成功，尽管先天不足，他的奋斗目标也会大幅提升他的等级；因此，有时候在高山峡谷的当地社区里会产生等级上的巨大差异。财富与较高等级所带来的更加具体的结果，往往是一个或更多的山地农民的孩子会与当地或低地地区的更好农场的继承者结婚，或者他们开始全面从事社会上其他类型的职业。在某些很少见的情况下，山地农民甚至会想方设法把他的资源和财富转化成高山峡谷地区之外的相当不错的农场。

特别是第二次世界大战之后的几年里，大部分山地社区发生了巨大的变化。遍布该地区的国家公路网的延伸、与水力发电企业相连的水库大坝建设、旅游业的发展以及当地工业发展的可能性都为山地农民更加有效地利用其时间和本地资源提供了选择。先前偏向于增强地区间的文化多样性的相同要素，现在可能通过城市化进行了重新组合。



以上分析的一些方面，使人联想起诸如萨林斯（Sahlins 1958）的研究，他认为波利尼西亚的社会分层形式的变异可以理解成来自单一文化本源的适应性变异（adaptive variability）。从历史角度来看，这种观点意味着拥有同样文化背景的群体在地域上的扩张，同时也进一步暗示了对当地特殊环境的适应过程，这种环境为领导模式和不平等模式的发展提供了独一无二的可能性。

在一个类似的分析传统中，阿伦斯伯格（Arensberg 1963）认为，旧世界的各民族由于独特的文化特质丛而与其他民族区分开来，这一文化特质丛是以面包、牛奶和肉类等基本粮食为特征，并且这类基本粮食与纯粮食区域的混合型农业的特定生态模式有密切联系。这种适应是基于土地的循环使用，采取从种植获取面包的硬田谷物到种植喂养有蹄牲畜的饲草的轮作方式，这种方式反过来可以为田地提供肥料，同时还获取了诸如肉类、牛奶、兽皮和羊毛之类的消费品。然而，整个地区多样化的自然环境更改了这一文化丛，造成了经济组织层面上的各种显著变异，从简单的生存 83
模式到专门化和市场交换的形式。

正如克罗伯（Kroeber 1939）所研究的那样，在文化区域传统中关于文化多样性和文化变迁的“系统发育”（phylogenetic）观念，对某些地区来说或多或少可能表现出了文化和族群边界的完美结合（波利尼西亚就是这样的例子），而对于其他地区则表现出了大量的重叠。因此，从族群的角度看，阿伦斯伯格在解决多元化问题中总结出的欧洲的文化-自然区域对于大部分地区来说似乎毫无意义。然而，在整体性的经验图景之外，总有可能提出族群分布与文化特征之间的某种共变关系。所以我的讨论不在于通过这种过程所建立起来的经验图景，而在于它们对族群与边界的存在可能具有的解释价值。只要研究仅局限于展现族群与文化边界的共变关系，那么人们只能就变量之间的互依性做无谓的重复。

我的案例已经证明，各区域性群体之间存在大量的为共生互补性（symbiotic complementarity）提供依据的文化差异，这些差异也为区域性成见与特征提供了充足的材料，然而这些差异的存在本质上并未包括基于族群单位的社会活动组织。如前所述，为了产生族群，我们必须增加一个更深远的维度，即把某些文化差异社会性地固化到对比性的整体身份中；这并非源于文化差异**本身**。

针对这点，有些人也许会说，比如每当强调语言与族群边界的共变关系时，这就意味着语言障碍有助于形成族群图景的假设。然而，最近的社会语言学调查结果（Gumperz 1958；Blom&Gumperz 1968）表明，处于频繁接触中的各类群体之间在言语上的显著性差异本身并不是社会边界确立与维持的原因。更确切地说，这些差异通过社会固化过程反映了社会组织特征。因此，不论是内部认可还是外部强加于该群体，它们都成为认同特定族群价值观的惯用语。

84 作为我的观点的最后一个例证，将上面描述的高地-低地关系与挪威人和某些流浪贱民群体，诸如吉普赛人和类似吉普赛人的游民[西戈于内雷（*sigøynere*）、塔泰雷（*tatere*）或凡特（*fant*）]之间的关系进行对比可能有益（Sundt 1850—1865，Barth 1955）。类似于山地农民和其他特殊群体，这些贱民利用乡村的特定生态位，由此在共生依赖关系中注定要从事其他职业——一部分原因是他们愿意从事低级工作，另外的原因是他们在某些贸易和手工业方面保持一种几近垄断的地位。与山地农民相比，在接触中他们充分传播着自己文化的独特性；他们表现出目无农民的标准，特别是不尊重农民的等级标准，他们的行为往往傲慢和充满挑衅。在定居群体中，贱民的流浪生活被理解为对农民基本价值观的否定。结果是，人们不信任他们、对他们充满恐惧甚至迫害他们，不过他们的自主性和不计后果也赢得了人们的赞誉；这种矛盾心态在一系列的民俗传说和歌谣中体现出来。因此，挪威人和这些群体成员之间的互动是在明显的身份互补性框架下以差别待遇为基础的。

因此，很显然，族群边界并不取决于形式层面上的文化差异，而是取决于更基本层面的文化，即将这些差异明确编码为互补身份，从而把一个族群分化成若干个各自认可其独特起源的参照群体。因此，这些组织的存在理由必须在社会进程中找寻，这些社会进程把对陌生者的最初与自然的恐惧和对陌生者的猜疑系统化为族群身份。这些社会类别为判断自我与他者的行为提供了强制性标准，因此也将一系列的活动刻板地划分成各种意义集群。

**注释：**

1 本研究所基于的原始材料是作者于1962年在该地区的西南部收集到的。材料当中更多的细节发表在其他地方。

通过对材料的分析产生了一系列的假设，为了检验这一系列假设的总体有效性，我参考了民俗学家、地理学家和历史学家的各方面的著作，其中比较重要的著作是：Eskeland，A.：*Effektiviteten av ulike driftsformer i fjellbygdene*，Norges Landbruksokonomiske Institutt，Saemelding nr. 2，1953；Cabouret，M.：La transhumance du mouton dans le sud-ouest de la Norvège，*Norsk Geografisk Tidsskrift*，1967；Isachsen，F.：Uvdolenes skreppehandel og driftetrafikk，*Norsk Geografisk Tidsskrift*，1930；Reinton，S.：*Saeterbruket I Noreg*，I-III ISFK，Oslo 1955—61；Skappel，S.：Træk av det norske kvaegbrugs historie 1660—1814，*T. f. d. n. landbr.*， 85
1903；Sømme，A.：*Georaphy of Norwegian Agriculture*，Skrifter fra Norges Handelsheyskole，Bergen 1949；Østberg，Kr.：*Norsk Bonderett*，I-XII，Oslo 1914—39。

这次人类学田野调查得到了挪威考古学博物馆注册服务处的资助。

# 分化与融合

## ——埃塞俄比亚南部的族群关系面面观

卡尔·埃里克·克努森

86 本文介绍了埃塞俄比亚南部有关族群和民族动态的民族志资料。由于这个地区族群间的关系模式具有很大的差异，我将简要概述埃塞俄比亚加拉高原（Gallaland）两个不同地区的情况。通过对照和比较两种不同类型的族群边界及其维持，我希望避免给出片面的描述。同时我也希望这种研究方法可以使我们有可能来讨论边界动态的各个方面，从而有助于对族群性问题进行更广泛的讨论。

## 背　景

埃塞俄比亚所体现出的族群关系背景的确复杂。在该国的北部和中部，几千年来松散地组成阿比西尼亚帝国（Abyssinian Empire）的各王国依然存在着。这些小邦之间的边界并不十分稳定，为了获取帝国统治和对广阔的阿比西尼亚大集团的控制，争斗持续不断。总之，小邦或酋邦之间的界线似乎与居住在阿比西尼亚高原的各主要族群之间的边界一致。

阿姆哈拉和蒂格雷阿比西尼亚(Amuhara/Tigre Abyssinia)通过上个世纪末米尼莱克皇帝(Emperor Menelik)的征服扩张成了今天更大的埃塞俄比亚。在此之前,中央各小邦被许多独立的部落群体包围,这些部落群体的组织形式跨度很大,从无政府的裂变结构到卡法(Kaffa)这样的中央集权制的各小邦。在这些冲突与部落战争盛行的地区,米尼莱克和他的将军们带来了“阿姆哈拉式的和平”,这为族群间接触和联系的新形式创造了条件。群体间流动性的增加、征服者族群的移民、胜利者的进入,以及族群的归类和评价体系都是埃塞俄比亚南部目前族群形势的事件和原因。 87

这种环境在许多方面与东非其他地区的殖民地化所造成的环境类似。然而也存在着重要差异,这些差异使简单的对比变得没有任何价值。时间也是造成新地区融入埃塞俄比亚国家的原因,从某种程度上说,这种融合在非洲其他地区的殖民者和被殖民者之间从未实现。诚然,新的统治者和一些欧洲殖民国家一样认可族群边界;划分成亚省和区域的行政区划主要也是以这样的认可为基础的。同样我们也能看到间接统治的因素,特别是在新领土并入埃塞俄比亚之后的早期。但是,在大多数情况下,阿姆哈拉的 88
控制更具有直接性,因此没有必要强调和强化部落和族群认同,这一点往往和英国统治远南地区的情况一样。

殖民时期的非洲和埃塞俄比亚局势的另一个重要差异在于:尽管埃塞俄比亚北部地区平民大量涌入,但移民并没有造成欧洲移民和土著非洲人之间存在的那种族群与社会分裂。来自北部的移民多半被迫过着与当地族群基本相同的生活,同时也接受和当地族群一样的标准。

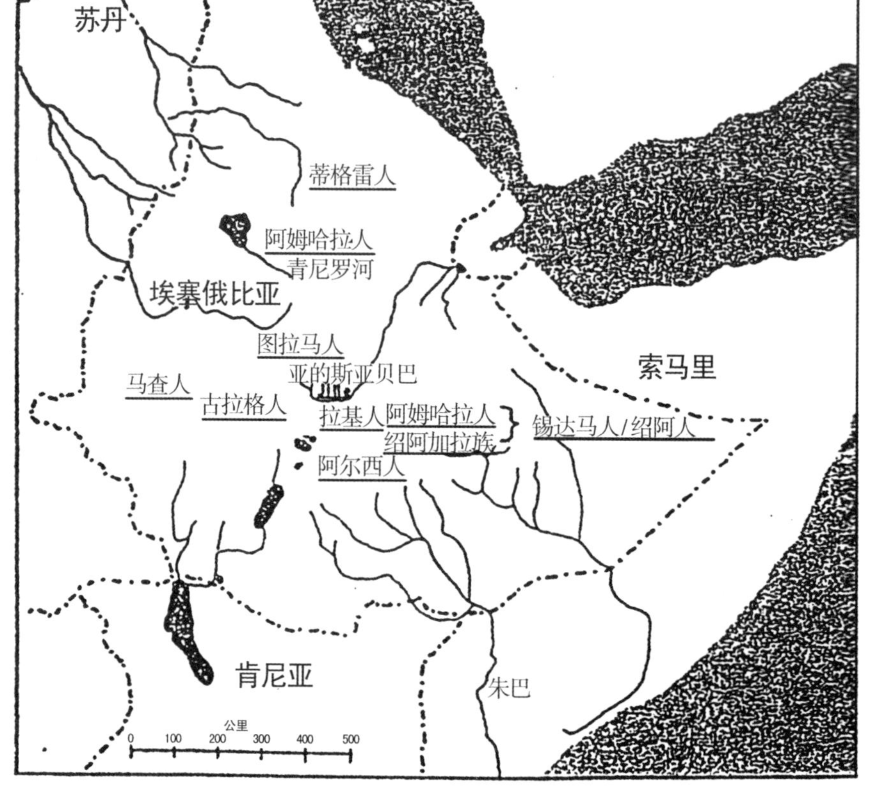


**埃塞俄比亚主要族群和亚族群。**
**显示着阿姆哈拉族和绍阿加拉族的分化。**

然而，在某些情况下，新统治者为了促进融合而采取的促使被统治族群埃塞俄比亚化，也相当于阿姆哈拉化的政策，往往产生了截然相反的结果：族群身份被强调，基于族群背景的极化加剧。因此，阿姆哈拉治理产生了我们在英国控制下的地区所观察到的相似结果。

埃塞俄比亚南部目前的族群边界形式就是通过这类进程在现有的族际关系体系内产生的。在下文中，我将集中阐述两种这一类型的边界：一类是大裂谷阿尔西加拉人（Arsi Galla）和他们的邻居们之间的边界，另一类是位于绍阿省（Shoa province）西部马查加拉人（Macha Galla）中的一个集市村庄里存在的边界。

## 大裂谷阿尔西人和他们的邻居们

大裂谷阿尔西人属于庞大的阿尔西加拉人部落群体中的成员，这一部落群体构成阿鲁西省（Arussi）和贝莱省（Bali）人口的重要组成部分。直到上一代，阿尔西人还生活在完全由加拉人统治的区域里，现在他们居住在祖瓦伊湖（Lake Zwai）的东岸和邻近的干旱大草原上。他们靠季节性迁移放牧的畜牧经济为生，在旱季他们迁往乞拉罗山周围的高地，到了雨季他们下到大裂谷平原上。他们唯一的常规性族群间接触就是和祖瓦伊湖的拉基岛人（Laki islanders）在一起，拉基岛人是前加拉时期较早的阿比西尼亚殖民地的残余。随着阿姆哈拉在本世纪第一个十年的征服，这种情况也发生了根本性变化。米尼莱克部队中的阿姆哈拉族老兵和绍阿-加拉族战士在阿鲁西高原上分得了土地。随着大批人员迁入高地，不久他们就减少并最终禁止了游牧的阿尔西-加拉人的迁移性放 89
牧。由于他们生态适应的一个首要基本必备条件被剥夺，祖瓦伊地区的大裂谷阿尔西人开始转向粗放型的玉米和高粱种植以补偿养牛业所造成的损失。因为他们缺乏以往的农业种植经验，同时大裂谷的气候迫使人们必须使用灌溉或复杂的干旱种植技术，所以阿尔西人经历了急剧的贫困化。这些变化与他们部落组织的重大变迁相一致，据此，创造凝聚力的加达体系（*gada* system）的重要性衰退，礼制从传统模式转变为伊斯兰化模式——这或许可

以看作是对基督教征服者的抗议。

这一系列的事件为今天的阿尔西人和他们邻居们之间的族际关系奠定了基础。以上的简要概述清楚地表明，阿尔西人生态适应的特征，以及他们的经济、政治和文化生活在相对短暂的时间里经历了翻天覆地的变化。换句话说，昨天的阿尔西人与今天的阿尔西人已经没有多少共同之处了。其结果是，对阿尔西文化清单的研究并不会帮助我们去理解历代的阿尔西人族群身份的维持。因此，有关于大裂谷阿尔西人生活方式方面的材料我解释得很少，为了指出该地区族群互动的性质和边界维持机制，我将详细地描述邻里接触。

今天的大裂谷阿尔西人生活在裂谷湖泊周围干旱的金合欢草原上，以 5 至 15 个家庭为社群，居住着最小的世系或世系的一支。普通家庭都是一夫多妻制家庭，有三四间房子和一个用带刺的金合欢围起来的牛栏。尽管阿尔西人近来已经适应在家庭附近一些大致开垦出来的农田上种植玉米和高粱，但他们基本上还是养牛人。一部分畜群饲养在祖瓦伊湖沿岸和面向高地但尚未被高地农民开垦出来的斜坡之间的大片氏族土地上。这些畜群往往是由在长辈领导下的家庭中的未婚男子放养。奶牛、牛犊和幼畜饲养在家庭附近，以便为家庭中其他成员提供牛奶，有时候也提供一些肉类。

90 当地的政治组织表现出了两种重要的组成部分：一种是分区的地方长官和政府任命的当地法官代表的低级政府管理部门；另一种地方领导阶层是由多组的谱系中地位较高的氏族成员、有名望的公断人和由世袭贵族组成的前战争领袖的后裔——所谓的贝拉贝特（*balabatts*）构成，同时也由政府行政机构（参阅 Knutsson 1967）、卡尔卢斯（*Kallus*）——声称永久保持传统部落宗教的仪式专家和白手起家的族长组成。在埃塞俄比亚南部的许多地方，这两种决策体制之间的接合并不充分。但是在大裂谷阿尔西社区里情况并不是这样。在某种程度上，因为就中央行政机构而言，他们不愿意将自己的官员安排在低地的存在潜在危险的地区，所以地方首领经常被任命到分区级的行政岗位上。

对于阿尔西人来说，族群身份与他们在缺少雨水、尘土飞扬、过度放牧的平原上的整个生活方式有密切的关系。脱离了牛群的这些人或者是已经失去了牛群而搬到城里的这些人不再被认为是“真正的”阿尔西人。尽管他们仍然保留着他们阿尔西人的谱系权，但是他们已经出卖或丧失了一部分来自参与阿尔西人的生活所获得的身份。在埃塞俄比亚南部的其他地区，特别是在族群间接触属于日常事务的社区里，族群身份的展示要么受到了某些互动领域的制约，要么由具体的个体或群体策略所决定。而在平原的阿尔西人中情况却不是这样。在这里，族群身份作为阿尔西人和他们的邻居们都能察觉到的明显的组织形式、习俗和象征而被不断地、公开地表露出来。然而，阿尔西人和局外人都不能够把身份归因于任何一个具体的因素。作为阿尔西人天生就是阿尔西人，像阿尔西人一样成长，生活也像阿尔西人。这一点给了我们一个额外的理由来放弃绘制完整的阿尔西文化清单的尝试，而把重点放在族群间的接触问题上。

## 阿尔西人和拉基人

大裂谷的阿尔西人和祖瓦伊湖的拉基岛人之间的互动表现出

了共生相互关系的大部分特征。几代人以前，拉基岛人在祖瓦伊湖的东岸和南岸居住下来并开垦出了大片的土地。大量的传说讲述了阿尔西人和拉基人之间为了占据沿岸的土地而发生的激战。这个区域对于双方来说都至关重要，对于拉基人来说，这个区域可以当做农业用地以补充岛上阶地所产的有限农产品；对于阿尔西
91 人来说，这个区域可以作为牧场和牛群通往水域的自由通道。最终阿尔西人成功地突袭了拉基人，拉基人被迫撤回到了他们的岛上。今天，他们几乎完全局限在塔代克卡岛（Tadecca）、图勒卢久迪尤岛（Tullu Guddu）和富尔迪尤洛岛（Fulduro）上，唯一的例外是有数百人生活在祖瓦伊湖的东岸和南岸的几个集群里。后者只有通过完全采用阿尔西人养牛业与农业的混合型经济以及顺应阿尔西人的生活方式，才得以返回到原来的拉基沿岸领域。岛屿上的拉基人依靠捕鱼和被侵蚀又过度开垦的阶地上的贫瘠庄稼来维生。如果没有织布者和布料商的本领，在这些人口过密的石岛上生存会很艰难。

随着阿尔西人完全控制了这片有争议的沿岸土地，这两个族群间的竞争逐渐消失。取而代之的是，人们发现今天这两个族群间所期望的共生相互关系占据了独特的生态位。岛屿上的人提供布匹、鱼类和其他一些商品，而阿尔西人出售黄油、酥油、新鲜的奶酪、高粱、玉米和间或的肉类。在浅水湖里捕获的大量鱼类给拉基人带来不断增长的销售额或以鱼易物的特殊利益。所有放牧的加拉人和他们的邻居锡达莫人（Sidamo）对吃鱼有强烈的禁忌。传统上与河马一样，鱼被归入到同一个总体性类目里而被视为不洁净的食物。随着季节性迁移放牧体系的崩溃和食物的日益贫乏，

使得吃鱼的禁忌在大裂谷阿尔西人中减弱下来，特别是祖瓦伊湖附近的那些人现在也经常吃鱼，但是他们自己并不捕鱼。由于拉基人已掌握了在纸莎草小筏上撒网的复杂技术，因此捕鱼这类工作都留给了他们。

## 大裂谷阿尔西人和高地农民

阿姆哈拉人和阿鲁西高地(Arussi highland)的绍阿加拉人属于使用相同技术开发同一生态位的耕地农民。他们都是当地相同的、主要是移民社区的成员。尽管族群起源不同，他们的价值体系基本相同，都以东正教为主。这两个族群间的差异主要体现在语言和家庭结构上，在一定程度上还体现在土地所有制和仪式方面。所以绍阿加拉族往往偏向于使用双语，而阿姆哈拉族一直坚持只使用阿姆哈拉语；与阿姆哈拉族的一夫一妻制相比，绍阿加拉族家庭在行得通的地方都实行一夫多妻制。阿姆哈拉族严格遵守东正教教规而绍阿加拉族的仪式生活展示出了东正教和以卡尔卢斯为首的狂热部落崇拜的二元模式。阿姆哈拉-加拉社会的另外一个特征是埃塞俄比亚普遍存在的族群分层模式，而族群分层模式又取决于对行政权、土地等资产的有差别的控制，以及获得被高度重视的东正教神职人员知识的机会，根据传统分层，在高地社区阿姆哈拉族自认为，并且绍阿加拉族也认为，他们比其他族群拥有更高的等级。

尽管存在社区内部分化，但是大裂谷阿尔西人把高地移民都归并在一个大的范畴里，称他们为锡达马人(Sidama，称呼阿姆哈

拉人的阿尔西语）或者绍阿人（来自绍阿省的人）。尽管高地加拉族农民在与阿尔西人的内部互动中并不认同自己是阿姆哈拉人，但他们的确把低地养牛人与自己对立起来，像阿姆哈拉人那样对待低地养牛人。因此，我认为，高地社区作为一个整体和大裂谷阿尔西人之间存在的边界，是与族群相互关系讨论密切相关的一条重要边界。

这里所描述的相互关系的主要特征包括高地优势与阿尔西劣势。这一点最能体现在两个族群对土地的争夺上。如前所述，在高地，阿尔西人的畜牧型土地利用方式已被农业技术和经济所取代，前者的周期性使得农业技术和经济的引进变得很容易。留给阿尔西人生态再调整的仅有策略是，要么在受威胁地区定居下来，要么退到尚未开垦的荒野，这些荒野在今天看来主要都是离开灌溉就不可能或几近不可能耕种的地方，还有一种已经尝试过的方法，它由妥协策略构成，借此，世系中的一部分定居在了曾是他们季节性迁移放牧领地的偏远高地附近，而剩余的阿尔西人在大裂谷底部保留着更为流动的营地。有时候，流动营地让阿尔西人有可能维持某种季节性迁移放牧的流动性，或者在紧急状况下也可能让阿尔西人迫不得已采取季节性迁移放牧。

回顾大裂谷阿尔西人和高地农民的族群相互关系，我们并没有发现一条可与阿尔西人和拉基人之间的生态边界相提并论的边
93 界。相反，在土地利用的不同技术，以及这些技术在保持或扩张土地控制的功效上，我们却发现了族群分化的基本机制。接踵而至的竞争在某种程度上加剧了族群分化，从而使得公开冲突更为常见。由于高地群体的优势，特别是因为这一群体得到了阿姆哈拉

统治下的行政机构的支持，大裂谷阿尔西人传统上对畜牧区的公开防御被证明是一个并不令人满意的策略。由于暴力抵抗被取缔，适应性表现出上述两种主要形式中的任意一种*，并将目前的大裂谷阿尔西人在经济上分成了两个截然不同的群体：位于大裂谷斜坡的高地型农民以及正遭受着持续贫困化的大草原养牛人。

可以预见，这两个群体间族群身份的表达与维持存在显著差异。在位于大裂谷斜坡的阿尔西农民当中人们发现：尽管高地农民与低地的亲戚在养牛业方面进行经济合作，但是他们还是或多或少完整地融入了高地移民所带来的技术和经济体系中。然而，即使阿尔西人的新经济策略的明确目标是尽可能接近高地移民，即使在服饰和象征上公开表达的其族群归属不断减少，但阿尔西人的族群身份仍然被强烈地维持下来。这不可能以传统方式实现，因为这意味着要保留他们以前游牧生活的全部模式。相反，通过穆斯林或者更精确地说半穆斯林的知识体系、价值观和象征方面的转换，阿尔西人的族群身份才可以得到维持。同时，这一体系在半同化的情境下也才有可能维持和永久性保留族群分化。因为阿姆哈拉移民族群认同的真正核心一直是他们的东正教，因此这种变迁为两极分化提供了特别的有效机制。与巴加拉牧民从富尔农民中脱离出来这一过程相反，阿尔西养牛人向阿姆哈拉式农民的过渡并没有使他们成为阿姆哈拉人。相反，边界维持机制被转移到了他们社会文化体系的另一领域中。

* 指要么在受威胁地区定居下来，要么退到尚未开垦的荒野。——译者

# 大裂谷阿尔西人和吉尔莱人

吉尔莱人(Jille)是大裂谷阿尔西人的北部邻居,属于加拉人中的图拉马(Tulama)部落群,尽管两个族群都认为他们是加拉人,但是吉尔莱人坚决否认和阿尔西人有任何的宗谱关系。和阿尔西人一样,吉尔莱人生活在大裂谷的斜坡和谷底。他们并不像
94 阿尔西人那样是特别杰出的"养牛人",而是在传统上依靠种植低产的玉米、小米和高粱以及养牛的混合经济来维持生活。同时他们传统上也更偏向于定居生活,从来不采取季节性迁移放牧。他们是唯一的仍然拥有正在发挥机能的半偶族体系(moiety system)的北部加拉人,比起图拉马族的其他部落,他们也许更加强烈地[可能除了吉达人(Jidda)之外]依附于加达体系残余和其相应的礼制。也许阿尔西人和吉尔莱人之间的相互关系应该作为部落间而不是族群间的相互关系进行归类。毕竟他们属于同一个主要部落群并且操着相近的方言。然而,在他们的相互关系中却显现出了分化,双方强调的不是他们的共同之处而是在庞大的加拉族群内他们各不相同的血统,他们也表现出截然不同的社会组织体系,由此把他们列入到这样的背景下是合情合理的。

与已经介绍过的案例做对比,阿尔西人与吉尔莱人之间的领土边界不容置疑,它基本上顺着东西走向的阿瓦什河和南北走向的迈基河的东岸延伸。同阿尔西人和高地人与拉基人之间以市场交换为主要特征的互动形成鲜明的对照,阿尔西人和吉尔莱人之间的这类交易少之又少,甚至可以忽略。这也许与以下事实有关,

即尽管他们之间存在其他的差异，但是这两个群体仍然使用了相似的技术开拓了相似的领域。他们在开发粗放型的市场交换所必需的技术和农产品方面不存在差异。人们发现吉尔莱人领地上的主要市场位于北部的半圆形范围内，在这里，吉尔莱人可以和来自高地区域的图拉马加拉人、阿姆哈拉移民、古拉格人（Gurage）以及其他群体做交易。

尽管这里只大致呈现，但这些资料可以大致确定阿尔西人和吉尔莱人之间的相互关系，即群体间争取垄断同一类型生态位的一种裂变对立（segmentary opposition）。对牧场和小块耕地的激烈竞争既助长了双方的敌意，也促使双方戒备性地守卫各自的边界。他们生态适应的相似性不但没有帮助双方架起连接边界的桥梁，反而强化了边界，也正是这种相似性阻碍了交易和交换。由此
看来，自相矛盾的是，在大裂谷阿尔西人领地上，从文化角度看，最 95
相似的族群之间依然存在着地理和“政治”方面都相当明确的族群边界。[1]

## 马查的多族群集市村庄

任何对埃塞俄比亚南部加拉领地族际关系的任何讨论，如果只提及各族群倾向于是领土单位的制度，都是不完整的。在整个埃塞俄比亚南部，这类情况实际上都在迅速地演变成不同族群或多或少杂居在同一地区或地方社区的局面。正是在这些社区里我们才可能观察到典型的埃塞俄比亚族群分层体系。

在上世纪末，当富饶的马查牧场与农田并入到埃塞俄比亚帝

国以后，与阿鲁西高地类似的急剧变化就产生了。当地各族群之间传统的与分裂性的对抗减少并且最终完全消除。马查内部的流动性和非地域化（delocalization）加大，马查领地向来自埃塞俄比亚帝国其他地区的移民开放。阿姆哈拉人建立起了他们对当地政治和行政的控制权。阿姆哈拉老兵搬迁进来变成了地主和农民。

随着流动性的不断加大，集市村庄产生，原有的城镇扩大，这是一个在过去的几十年里受到公路建设巨大推力的连续发展进程。尽管他们的语言环境（*couleur locale*）受到了当地人的族源以及环境地貌的影响，但是这些集市城镇在整个埃塞俄比亚都有许多共同的特质。在传统的内陆乡镇地区，他们代表着一种新型社区。这些集市城镇成为了当地的行政中心，同样，在外人看来院制政府办公室（House government office）和法院似乎也成为了对诉讼程序情有独钟的这群人经常出入的地方。

城市的生活和商店、酒吧、诊所与学校等随处可得的服务吸引着外来移民和内陆乡镇地区的农村人口，这些城镇由于他们而迅速发展起来。随之而来的是偏远地区的官员、商人、日常的劳动力、妓女和乞丐。所有这些因素都为族群相互关系创造了全新的环境，在这种环境下，族群边界出现在当地的社区里。由此，与以
96 上所介绍过的族群边界基本上与领土边界相一致的情况对比，族群性作为一种组织基础的作用展现出了显著不同的特征。这样，与决策和交易相关的各个领域都被整合在了一起，从此意义上说，族群融合更加凸显出来。这一点在地方政治领域尤为明显，社区的任何成年男性都可以加入任何现有派系。同样，商品与服务的交易涉及城镇的所有族群。

然而，单一族群垄断社区生活某些领域的倾向显而易见。行政机构主要掌握在阿姆哈拉官员手中。这点反映在宗派政治领域，其领导者通常为阿姆哈拉人或“阿姆哈拉化”的马查大地主。在经济交换领域，商店经营几乎被来自绍阿省西南部的古拉格族移民垄断，而粮食贸易主要掌握在从吉马迁移过来的穆斯林加拉族人手中。

族群分层体系以及社区生活不同领域的族群垄断倾向都通过交流模式，特别是语言习惯和族际通婚而体现出来。

“政治”语言毫无疑问是阿姆哈拉语。所有带有官方性质的交流、法庭程序以及艾德（*ider*，社区协会）内的讨论都使用阿姆哈拉语。如果参与者中的某一重要族群不懂阿姆哈拉语，他们就会配有翻译。这种模式之外的例外非常少见。即使法官、官方通讯员或者会议主席碰巧是加拉人，他也要使用阿姆哈拉语，之后再将其语言翻译成加拉语。

在贸易这种互动体系中——它涉及了村庄及其周边农村总人口的大部分——语言的选择更为自由。但即使在这种情况下，也能显示出族群分层体系。在交易中如果其中的一个当事人属于高等级族群，如有可能的话，在相互沟通中就存在使用该当事人语言的倾向。因此，加拉族的粮食商人在和阿姆哈拉宗派的领导人谈生意时，他就要使用阿姆哈拉语。但是，他会与他的加拉族邻居讲
加拉语，也和他认为族群地位“很低”的古拉格族零售商讲加拉语。 97

同样的观察结果也适用于整个族群身份识别模式，既适用于清楚彼此族群身份的集市村庄成员之间，也适用于村民与外来者之间。人们也可以轻易地识别与分层相关的族群认同的矛盾性。

因此，了解阿姆哈拉人的农村加拉人要么否认，要么勉强接受来自集市村庄其他成员独有的族群评价，这一集市村庄被农村群体看成是阿姆哈拉社区。农村自身居民之间的族群划分情况也是如此，即在与“较高”族群地位的个体打交道时他们承认这类区分特征，但是面对地位“较低”的族群成员时这类特征又被拒绝或抑制。

在族际通婚的模式方面相同的基本特征也很明显。马查集市村庄的族群通婚很大程度上形成了妇女从地位较低族群到地位较高族群的单向流动。不同的贱民群体却是一种例外，比如制革工、陶工等，他们都实行严格的族内婚。对于那些维持着可能最低经济生活标准的群体来说，也存在类似的情况。

妇女的上嫁（upward transfer）与这一事实有关，即妻子的族群背景并不会或者至少不会很严重地影响到丈夫、他的家庭及他的孩子们的族群地位。相反，妇女嫁给比自己的族群地位低的丈夫，那么她会降级，因为她的家庭和她的孩子都是随丈夫一起被归类的。

尽管在政治和经济领域各族群所实行的策略是由族群确定的，但是就族群认同本身来说，这些互动领域里的村民们几乎没有公开表露过。正如我已经指出的那样，在族群性被明确地用作组织基础和人群分离与分化标准的领域中，最显著的就是家庭和亲族的领域，在某种程度上也包括宗教仪式生活，尤其是在家庭和小群体仪式层面上的宗教生活。

因此，尽管不再是族内婚，但是族群认同和族群关系构成了婚姻准备的重要部分。然而在由单一族群成员独家参与的小规模仪式和节日上，我们会发现族群身份的公开表达。在加拉族居民区

的啤酒节上，人们可以听到有关较早的独立时期的歌曲和故事。歌曲都是关于勇敢的加拉族勇士和懦弱的敌人、美丽的加拉族姑 98
娘，以及游吟艺人和听众已经放弃的加拉族游牧生活的优越性。同样以提高和夸耀族群为目的的歌曲在马查的加拉族卡卢(*kallu*)仪式上、穆斯林吉马加拉族的节日上，以及古拉格族例行的兄弟会上都能够听到。

到目前为止，我着重强调了集市村庄生活的族群融合领域中族群垄断的趋势，以及在一些限定层面上，族群间的融合是脆弱的，而两极分化的趋势却因此而愈加严重。同时，两极分化的迹象和作为组织基础的族群性的影响都日渐削弱，这在今天的农村，特别是在年轻的一代中可以观察到。以下几种条件是造成这种新趋势的原因：

对于所有的村民来说，经济基础是埃塞俄比亚中部的阿姆哈拉型农业或者是农产品贸易。大多数男性村民和大量女性都是双语者，这往往使族群和文化遗产的影响中立化，并且为更加通畅的日常互动铺平了道路。日常生活习俗和习惯也日渐相同，这一点也表现在诸如服饰、发型和装饰物这类的族群标志上。尽管在仪式领域里，正如我所指出的那样，融合并没有看上去那么显著，但是，至少从形式上看，东正教的引入以及通过它的禁食规则和礼仪规则对生活进行的广泛规范，都有助于为这个农村社区提供一整套统一的标志。

在集市农村社区，这种普遍的融合过程采取了几种不同的形式。一个容易观察到的现象是，加拉人或古拉格人在积累了必要的资源后，会采取阿姆哈拉化策略，这些资源让阿姆哈拉化具有吸引力——扮演一个贫穷的阿姆哈拉人的角色没有什么用处，因为阿姆哈拉族群地位中的一个基本要素是与经济和政治优势密切相关。然而阿姆哈拉化并不意味着一个人的族群地位完全改变。他原有的族群身份无疑会有一定的损失。人们会说他"不再是加拉族人"，他希望"和阿姆哈拉人一样"。虽然如此，无论是他的原有族群，还是阿姆哈拉人并不认可他是阿姆哈拉人。没有获得新的族群身份的同时他还丧失了自己的一部分族群身份。

99 一些受过良好教育的年轻村民，如教师、卫生人员等例证了另外一个策略。这一策略是有意识地压制其认为的部落物质，选择其认为的埃塞俄比亚物质。与前者一样，选择这种策略不会削弱个人在其乡邻眼中原有的族群身份，也不会遭到来自原有群体的嫉妒或来自针对"目标群体"的反对。相反，这类策略的选择为地位较高族群与地位较低族群的更加灵活的互动创造了基础。除此之外，在这里讨论到的大部分城镇和乡村里，尽管"埃塞俄比亚"族群身份的归属仍然主要体现的是一种理论上的策略，但是通过不断扩大的教育体制，这种归属越来越被认可和提倡。



## 小　结

以上对埃塞俄比亚南部族际关系和族群差异的简要阐述，当然无助于为与族群性相关的各种问题提供简单的答案。相反，它揭示了各种族群类型、边界维持机制和族际策略。在这里，我只是简短地讨论一下资料所提出的几个问题。

首先，以下这一点似乎十分清楚，任何根据"文化内容"(例如，

Naroll 1964)所定义的族群概念，都不能作为分析在各种互动背景下的族群性的工具。只有当族群差异、分层或者两分化(dichotomization)作为个体或群体策略的一部分用来维护或加强资源控制的条件下，社会地位或其他的价值观才是有意义的、切实可行的解释因素。

因此，族群性并不是一个单一的普遍适用术语，而是广泛族际关系的代表，其中最主要的参照是基于出身、语言和社会化而赋予的族群地位。

如果人们能接受这一点，那么，族际关系的研究必然会成为族群过程的研究：也就是族际关系的产生、持续和变迁。在埃塞俄比亚的材料中我们可以辨识出以下几种过程：

在大裂谷阿尔西人对高地民族的例子中，族群互动的主导趋势是生产资源竞争日趋激烈的情况下不断激化的两极分化和两分化。由于互动的一方是具有定居经济的不断扩大的高地优势群 100
体，他们控制着行政和资源的获取，另一方则是原本游牧、不断退却的阿尔西低地牧民群体，因此后者唯一有效的策略就是适应高地群体，最好与其同化。然而，因为处在高地边缘的潜在富饶农业区里高地群体的既定利益，同时，也因为在低地必须要有复杂的耕作和灌溉技术农业才可能带来利益，所以这种策略并不会顺利地得以实施。

然而在东部，祖瓦伊湖的拉基人和阿尔西人之间的族际关系代表了一种弱化二分法而倾向于共生性互动的过程，这种共生性互动当然可以通过阿尔西人对生态位控制和生产资源的相同竞争优势在该地区的减弱得到解释，这些生产资源在西部的高地斜坡却在不断增加。

对于吉尔莱人来说，在传统的两极分化关系中并没有明显的变化可以引起人们的注意。由于缺乏经济交换的最基本的先决条件，以及在同一生态位中潜在的利益冲突，在这里，区域划分和低级别的互动一直持续着。

尽管埃塞俄比亚的族群分层模式在融合领域内仍然是一个决定性因素，有时它似乎构成了融合模式本身的基础，但是最终第四种基本过程在马查集市农庄出现了，族际融合在社区生活的重要领域中不断增多。

**注释：**

1 在这里我排除了河马狩猎者以及散居在祖瓦伊湖沿岸的威伊托人(Weyto)。尽管他们和阿尔西人之间有很深的社会隔阂，但是仍然存在经济上的往来。

# 墨西哥南部的族群稳定与边界动态

亨宁·西弗茨

## 问题与地区

墨西哥南部恰帕斯高地(Highland Chiapas)的人口恰当地表 101
现出了异源性(heterogeneous)特征。从文化的角度看,截然不同的族群在相同的大致区域里互相接触,形成了一个综合的社会实体,这一实体的成员在某些生活领域,尤其在商业交易领域里不断地相互影响(Siverts 1965b)。

由此看来,我们面对的是一个典型的"多族群社会",它以构成单位之间的经济专门化和共生的相互依赖性为基础。族群类别代表之间的互动似乎建立在广义身份的二分法上,文化差异被过度地传播。所以,跨类别的交易原则上不同于合伙人和同类人进行的交易。

因此,恰帕斯高地可能和弗尼瓦尔(Furnivall 1944)所描述的"多元性"社会类型相似,这种多元性社会表现出族群裂变(ethnic segmentation)与经济上的相互依赖相结合的特点。

本文描述了该地区有关边界维持问题的资产分布和互动形式。更确切地说,本文提出了这样一个问题:为什么操策尔塔尔语

(Tzeltal)的奥斯丘克马雅人(Oxchuc Mayas)更愿意保持印第安人身份而在很大程度上忽略或拒绝民族融合与西方化。

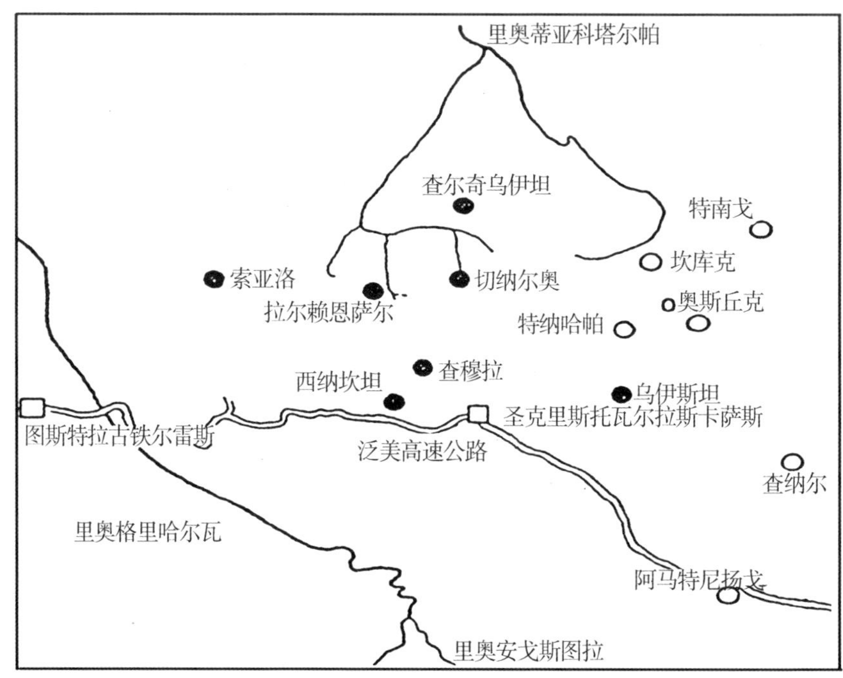

**说明**
□**拉迪诺城镇**
●**佐齐尔人村落**
○**策尔塔尔人村落**

**恰帕斯中部高地(策尔塔尔人-佐齐尔人地区)。**
**只展示了部分城镇和村庄。**

因此,本文的基本主题与哈兰对富尔人巴加拉化的讨论是一致的[见(边码)第 58 页及以下诸页]。但是我并没有说明族群类别里的个体如何改变他们的身份,而是尽量解释那些似乎阻碍他们改变身份尝试的环境。在这两个例证中,论证的思路都与经济考虑因素密切相关;同样,概念性的框架表现出充分的相似性以保证可比较性。

本文的分析依据的基本假设是:在恰帕斯所遇到的这类“稳定状态”只有在个体行动者不断地面临劳动力和资金分配的困境时
才可能产生,而对于这些困境所做出的一整套反应是有限和刻板 102
的。可以进一步假设:造成一系列限制因素的文化偏见往往根深蒂固,也因此通过反复的奖励性选择(rewarded choices)被延续下来。

我们关注的区域包括圣克里斯托瓦尔拉斯卡萨斯(San Cris- 103
tobal Las Casas)[1]这个殖民式小镇和它的内陆地区,即高地(Highland)的高原最高点及其地势略低区域的北部与东部两侧。整个地区占地近1000平方英里。海拔范围从3000英尺到6000英尺。在这个地区,某些地方的缓坡适宜人们居住,但许多地方崎岖多岩、坡陡、山脊尖利、峡谷幽深。

尽管条件不利,但是农业仍是主要的生产活动,人们以种植玉米和豆类来维持生计。在一些农村居民当中,畜牧业,特别是饲养绵羊相当重要。城镇居民有小贩、批发商、工匠、官员和专业人员。进一步观察后就会发现,在农村社区中也存在系统化的地区差异。不仅在生产活动中存在巨大差异,社会形态也具有可对比性,也就是说,存在许多并列的、截然不同的生活方式。

语言习惯对突出这些文化差异起到了一定的作用。高地人操着不同的语言和方言,而且在服装风格上也显示出了巨大的不同。

恰帕内坎人(Chiapanecans)利用了几种言语分类来表现这些差异。拉迪诺人(Ladino)和因迪奥人(Indio)是主要的两类。第一个专有名词指向操西班牙语并把西班牙语作为他们的主要语言的人，他们追求西班牙式的生活方式。第二个标签被应用到了操印第安语并把印第安语作为他们的母语的人身上，他们的着装和言行都标志着自己是“印第安人”。

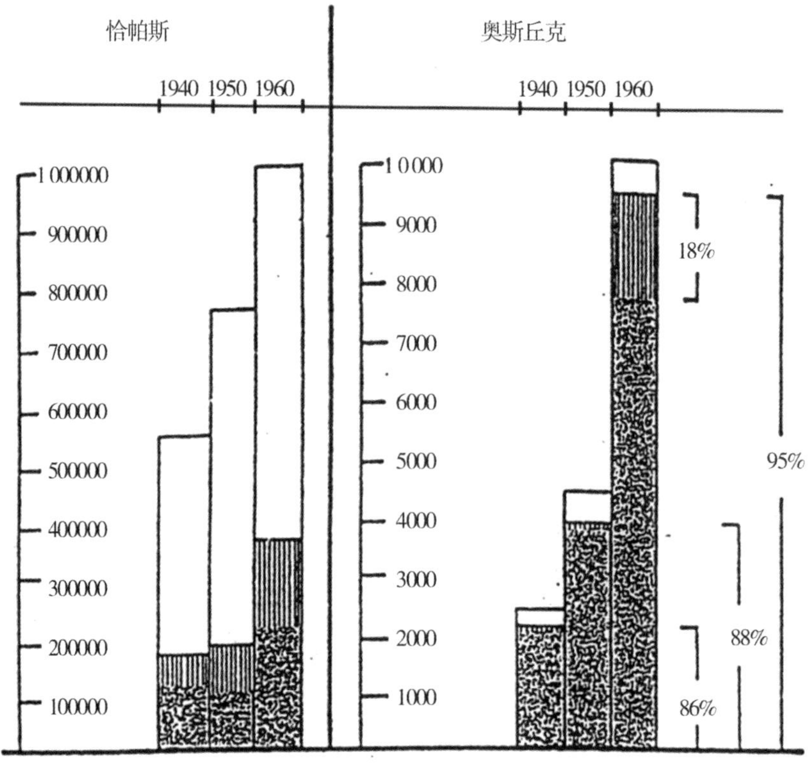


恰帕斯州与奥斯丘克自治市 5 岁以上操印第安语者的比例。
来源：人口普查 1940 年、1950 年、1960 年（恰帕斯州）。

反过来，因迪奥（indio）这一词或昵称因迪托（indito）可能引出了一系列的子类别，比如西纳坎特科人（Zinacantecos）、查穆拉

人(Chamulas)、奥斯丘克罗人(Oxchuqueros)、坎库克罗人(Cancuqueros)等。这些都是对现存各群体的称呼。这是根据特定的着装特点以及他们带到圣克里斯托瓦尔拉斯卡萨斯集市的产品做出的区分。因此,在恰帕内坎高地人当中,下列的说法是对某个类别,也就是西纳坎特科人特征的充分描述:"西纳坎特科人戴着有彩色丝带的宽边帽,穿着白短裤,围着粉色的头巾,穿着高帮的凉鞋。他们是卖盐的小贩,住在西纳坎坦自治市。"

过去四十年的田野调查给人的印象是:这些表述的范围和一般内容都是相当平稳的,使用它们的人数也在不断地增长。[2]最近30年的人口普查似乎也证实了这个看法。

操印第安语的人数比例是稳定的,在所研究区域的某些地区有显著增长(参阅附表)。尽管墨西哥人口动态统计的准确性对于
某些地区和时期来说可能是不可靠的,但是我们仍然可以相信这 104
些报告体现出的总体趋势;如果这一趋势反映了社会和人口的现实,那么,我们的结论必然是操印第安语的"部落"或印第安人村庄(*pueblos*)维持着他们的族群总体,并且保持着依据他们对各群体形成的刻板印象而产生的习惯表述。

考虑到土著居民和殖民者之间的长期接触、军事活动、流行性
传染病、政治压力、土地征用,最后还有近年来把印第安人融入国 105
家政治与经济生活的国家政策的影响,我们发现,各族群的同化程度极小而且族群边界保持完整,这一点非常明显。然而,值得注意的是,"族群边界"的概念并没有包含以下假设,即完全相同的表述是从远古一直传下来的。相反,边界意味着一套表现群体的各分支之间最小差异的习语是稳定不变的。的确,许多过去被认为是

典型的印第安特征，如今已被证实是对源自西班牙的“某些仪式用品”和“习俗”的模仿。阐明上述观点的一个奇特的例子是查穆拉人在他们的**狂欢节**上使用的仪式服装，模仿的是 1862 年马克西米利安大公爵部队所使用的法国士兵制服（参阅 Blom 1956：281）。

不管“起源”是怎样的，身份标志有助于赋予个体族群身份，从而为他们的互动指明方向。因此，解释这一类特征的持久性的问题可能要通过对不同类别的代表所合成一个整体的生活领域的研究来解决。

因此，在下文中我将简要介绍发生在诸如**集市**和**管理机构**等活动领域的互动形式。这两个领域在本文中被看成是包含了一切的领域，也就是说，教育与仪式并没有同“管理机构”分开，“集市”包含了各种商业交易的形式。

在描述的过程中，我将尝试分析，以揭示足以产生边界稳定性局面的诸有效因素的集合。然而，为了完成这个分析，我们需要调查行动者在拉迪诺人和印第安人互动的情境中，可以利用的资产的形式和性质。因此，我们的首要任务是描述资源的分配形式。

## 资源分配与生产活动

土地是稀缺资源，如果有所有权的话，它也是掌握在印第安人和拉迪诺人的手里。主要有两种土地占有制形式：

第一，拉迪诺人的牧场和经济作物种植园。这些不动资产归
106 个人所有，可以购买；开发借助于少量的雇工，以及附属印第安社
区（最初拥有这片土地的人的后裔）提供的劳动力。

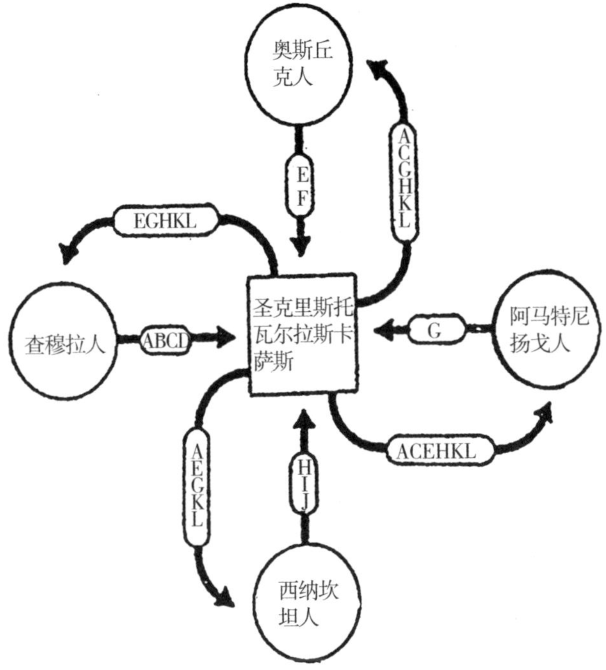

**展示圣克里斯托瓦尔集市上主要物流的简化图**

查穆拉人（*Chamula*）

A. 乐器　　B. 柴火和炭笔

C. 羊毛制品　　D. 特内哈帕人（Tenejapa）的橘子

奥斯丘克人（*Oxchuc*）

E. 纤维和绳索　　F. 鸡蛋、家禽和猪

阿马特尼扬戈人（*Amatenango*）

G. 水罐和优质陶器

西纳坎坦人（*Zinacantan*）

H. 伊斯塔帕人的咸盐　I. 鲜花　J. 玉米

圣克里斯托瓦尔拉斯卡萨斯（*San Cristobal Las Casas*）

K. 仪式用品　　L. 工具与设备

第二，印第安整个社区或部分社区共同的不可分割的土地。在这样的社区里，个体家庭在用益权的基础上开发出有限的小块土地。人们通过刀耕火种的方式在这些土地上种植玉米和豆类。一年中的大部分时间里，劳动力都是由家庭成员来提供。在种植期，形成了以亲属和朋友网络为基础的庞大劳动团队。

自然资源和技术技能的地区性差异有助于生产专业化的发展。在印第安社区，兼职的专业人员生产传统的手工艺品，比如陶器（斟酒壶）、羊毛毡披风和腰带、木椅、乐器、绳索、炭笔、柴火和咸盐。这些物品和其他一些印第安人的剩余农产品一起被带到圣克里斯托瓦尔拉斯卡萨斯的集市上。

其他行业包括铁匠铺、修枪铺、建筑工程业和大量小规模生产印第安仪式用品的行业都是由拉迪诺人垄断；这些生产活动中的大部分都只局限在城镇里，这些活动包括集市在内，都由拉迪诺的商人和中间商来操控。上图显示了这些商品和生产活动的分布。



## 资产对抗与接合领域

就某些土地范围内和经济体系下的互相依赖的合作伙伴来说，拉迪诺人和印第安人既是竞争者又是对抗者。在这一经济体系下，印第安人通常是农产品的生产者和工业品的消费者，而拉迪诺人充当着工业品和手工艺品的小贩与生产者以及印第安人所种植食物的消费者。

大多数情况下，交易都是在圣克里斯托瓦尔拉斯卡萨斯镇上完成的。[3]印第安人带着他们的产品到镇上的集市直接卖给消费者，更常见的是，他们把产品销售给拉迪诺商人，然后拉迪诺人再在集市上转售这些产品。在货物的交换体系中一个重要的角色就是阿塔哈多拉（拦截者），拉迪诺女中间商在镇子的郊外等待着印第安人，从他们的手里买下货物，然后再在集市上或她的小店里转售，以此为生。

乍看来，似乎没有一点这些中间商存在的经济理由，因为印第 107
安人在任何情况下都要去集市并且有可能在镇子上度过一整天。然而，零售上的讨价还价所花费的时间比起从远方来的印第安人所乐意花费的时间要多。另外一个原因就是，有一小部分需要讲价的生意要求具备包括精通西班牙语和市场经验的某些技能。因此，印第安人觉得还是女中间商粗放而迅速的方式更为可取。阿塔哈多拉对待他们印第安供应商的态度表现出了拉迪诺人习惯性对待印第安人的几分傲慢。印第安人被认为畏缩，同时又是不懂买卖的傻瓜，这种观念往往成为一种会自我应验的预言。这使得印第安人除了最基本的商业往来，很难与拉迪诺人打交道。这也使人们在与他们打交道时采取更为粗暴的态度；除了印第安事务办公室外，他们也没有掌握多少民事资源。在印第安人克服对当局和事务办公室的恐惧而向他们申诉之前，可能已发生了为数可观的诈骗案。

圣克里斯托瓦尔拉斯卡萨斯可以称为由拉迪诺人管理的印第 108
安集镇。在这个镇子上，印第安人通过交换处理掉他们的剩余商品，以此换回工具和各种设备，包括仪式用具、“印第安布料”以及各种由其他印第安社区生产的工艺品。这个城镇最基本的重要性在于它实际上成为巨大内陆地区的产品再分配中心[参阅第 121

页的图]。

这个城镇典型地被分成了若干居住区或贫民区，每个区的居民专门从事针对满足特定的印第安人嗜好的某一活动。桑塔卢西亚贫民区从事烟花生产，因为烟花对于任何印第安圣日都很重要。另外一个贫民区就是库斯蒂塔利贫民区，他们从事猪的购买和宰杀；这个贫民区的居民长途跋涉至热带丛林以东，当印第安人想要处理掉他们的猪以免得把发情猪用篱笆关起来的时候，该贫民区的居民就在种植期之前买下他们的猪。猪贩子在四处游历时还兜售衣服和一些不值钱的小玩意。应该补充的是，作为一种惯例，印第安人从来不吃他们养的猪；他们只是单纯地靠着玉米换来的钱来养活自己。

此外，集镇自然成了当地行政和联邦机构包括警察、军事要塞、电报、电话、邮局和卫生部门的所在地。劳工部是最重要的机构，代表太平洋沿岸大型的咖啡种植园来调节季节性劳动力供给。秋季的咖啡采摘是唯一“从外部”提供给印第安人的工作。有时候仅仅是城镇郊区的印第安穷人可以在花园里或富裕的拉迪诺人的商店里做一些零散的工作。除此之外，在其他的工作领域根本没有给印第安人提供任何就业机会，仅仅是因为他们被认为没有掌握足够的技能——其中包括语言和普通教育。

因此，拉迪诺人控制了劳动力市场以及商品与服务的分配。

除了两个值得注意的相反案例外(下文将要讨论到)，在地方政府和行政机构内，拉迪诺人占据了所有的权威和官僚部门的工作岗位。在目前情况下，这包括联邦和州机构以及圣克里斯托瓦
109 尔拉斯卡萨斯市政府——在各自治市排名中名列第一的实体。

圣克里斯托瓦尔拉斯卡萨斯镇享有对更广阔区域的司法管辖权，这种权限远远超过了只是对城镇领土的管辖，这表现在印第安人社区的当地政府中拉迪诺秘书的设置，如果不是这样的话，小镇就应该由土著居民来管理。一般来说，内陆地区的政治控制是通过行政手段来运作的。然而，不容忽视的是，拉迪诺人的统治建立在军事优势和无所不在的诉诸物质力量威胁的基础上。只要稍加挑衅，就会派遣军事或警察力量驻守印第安人村庄。[4]事实上，传统的部落首领和民事宗教官员的附属机构都没有力量与这种措施相抗衡，因为他们的授权受到这种叠加的、官方认可的市政府——制宪市政厅(*Ayuntamiento Constitucional*)的质疑。后者控制了警察机关，因此可以任意实施有效制裁。尽管市政厅主要是由印第安人构成，但是部落之外的权威资源和被指派的任务往往左右着市政厅的决策性活动。由于拉迪诺秘书的存在，市政厅这种中立化得到了加强而且更为有效(参阅 Siverts 1960)。由此市政厅剥夺了最高领导人的“古老政权”，反过来，“新政权”由拉迪诺官员来监督。只要拉迪诺人能够维持在当地行政机构中的重要职位，他们对内部政治的掌控就会相对牢固；印第安政治团体有可能把拉迪诺官员替换成印第安人的唯一途径将取决于候选人所表现出的满足政府机关必要条件的能力——有文化、精通西班牙语以及谙熟墨西哥行政机构事务。

这使我们了解到拉迪诺人几乎占据的又一重要有利条件，即教育。直到最近，一些天资聪慧的印第安人才有可能接受中学教育。而大部分印第安人根本没有接受过教育，但是通过印第安民族协会(Instituto Nacional Indigenista)开展的教育规划，现在一些印第安社区的孩子可以得到小学教育。

然而，到目前为止，缺乏对西班牙语知识的掌握和应用，成为印第安教育和融入职业生活的最大障碍。因此，拉迪诺人控制了
110 警察与军事武装、电话、电报以及法院，这意味着拉迪诺人对该镇及居民信息的完全控制和强制权力。

因为司法从业者是从该镇拥有土地和从事商业的中上层阶级中招收来的，所以比起担负某种形式的理想化的亲印第安的义务，他们更有可能对中上层阶级中的代表们表现出忠诚。从印第安人的角度看，“公平”是通过律师和他的委托人之间的亲属或友谊关系争取到的。在很大程度上这也是一个钱的问题。众所周知，行政部门官员极低的工资和薪金使贿赂成为了一种尽管违法但是被普遍认可的做法，当事人以此获得有利的司法裁决。这有可能是印第安人服务协会(Asuntos Indigenas)对印第安人实施免费法律援助的原因。然而，很少有印第安人知道存在这样一个机构。

总体来说，拉迪诺人把印第安人看成是下等人或幼稚的人，认为印第安人乖乖服从他们的领导才是正确的。他们认为他们自己代表着“优势文化”——他们是另外一个拉萨(*raza*，种族)。直到最近，仍然只有拉迪诺人才可以骑马，而很少看见印第安人骑手，甚至在印第安养马人中也难看到。但是，既然印第安人是必需品的生产者、不可缺少的劳动力以及拉迪诺产品的主要消费者，拉迪诺人尽量不去公开冒犯或侮辱印第安人。因此，在日常与印第安人的直接交易中，拉迪诺商人、牧场主和农场主的行为举止都表现出友好的、家长式的作风[5]。但是，拉迪诺人从不邀请印第安人参加他们的聚会或宗教节日。在1962年奥斯丘克的仪式中心也可

以观察到这个惯例的例外情况，市政府的印第安最高领导人受邀参加当地一位重要的拉迪诺人的订婚晚会；显然，这一做法的意图是让该事件带有官方印记。

拉迪诺人和印第安人之间的通婚同样是罕见的并且遭人唾弃。一位居住在特尼扬戈的查纳莱罗（印第安人）教师娶了贫穷的拉迪诺妇女为妻，尽管这个家庭本身享有丈夫职业所带来的声誉，但是拉迪诺人和印第安人都不承认他们是拉迪诺人。

这种情况带给我们一个既相关又十分独立的问题，即身份变迁问题［参阅（边码）第 101 页］。在高地环境下，考虑到身份的变迁就其性质来说属于个人或家庭隐瞒往事的问题，因此几乎没有“完整”的案例记录在案也就不足为奇了。尽管如此，贫穷的镇民

有时候被他们那些经济状况较好的同胞称作雷比斯蒂多（*revis-* 111
*tidos*）即“换掉衣服的那些人”。生活史的断简残篇显示出拉迪诺化[6]是一种社会现实。从圣克里斯托瓦尔拉斯卡萨斯南部和东部，一小部分印第安社区的失败者源源不断地流入这座城市。来自阿古阿卡特南戈（Aguacatenango）的 P 就是一个典型的案例，她被查纳莱罗丈夫抛弃；她说除了与她的两个孩子搬到城里找一份仆人的工作外，她别无选择。同样，孤儿有时候会被拉迪诺家庭收养，他们成长在拉迪诺人的环境中，最终作为“半教化”的拉迪诺人而得到认可。摆脱印第安身份污名至少要经过两代人。



因此，跨越族群壁垒需要彻底的换位，包括放弃家庭、家人和整个生活方式。通常情况下，“成为拉迪诺人”这一决定是一个破釜沉舟的举措，当其他的一切似乎都化为乌有时，这一举措成了唯一的出路。搬家然后在城镇里定居下来的决定自然意味着在处在

社会最底层的城市贫民窟里生活是没有保障的。拉迪诺化意味着永远离开了平等主义社会里的生存方式，而获得分层社会中最卑微的地位。

然而，至少有两个成功跨越族群壁垒的著名案例可以引用。当然，“跨越”一词可能不是一个十分恰当的术语，因为要提到的这两个案例涉及设法保持双重身份的查穆拉印第安人。他们把个人职业建立在拉迪诺社会广大的企业基础上，同时公开展示自己的查穆拉人身份。

他们的职业选择很自然，印第安人普遍认为查穆拉人的职业行为对他们有利。这些企业家当中最引人注目的一位就是已故的埃拉斯托·乌尔比纳，他开了一家五金店来满足印第安人对廉价工具的需要。乌尔比纳说佐齐尔印第安语，他也不欺骗他的顾客，因此他们更愿意与他打交道，而不是让自己遭受拉迪诺店主的恶劣对待。由此他的生意在壮大，他的影响力与企业的成长并驾齐驱。他甚至被选为圣克里斯托瓦尔拉斯卡萨斯的最高领导，并且通过婚姻成为一户拉迪诺显贵人家的成员。

但是，埃拉斯托·乌尔比纳例证了熟练操控大部分印第安人所没有的资产可能带来的结果。对于大部分印第安人来说，拉迪诺人的世界是危险的。在桑巴尔托洛梅(San Bartolome)的印第
112 安人村庄里，他们讲述着这样一个神话：拉迪诺人是从马的粪便里被创造出来的，而印第安人才是巴克伊尔维尼克(*bac'il winik*，真正的人)。在这个外来的拉迪诺环境下，印第安人表现出谦卑而顺从的姿态。

我们将以上描述总结如下：

市场和行政这两个主要接合领域的组织方式不同，服务于不同的目的。这两个领域的总体作用是在基于族群标准的主从关系中维持买卖双方的刻板交易。正如情况所表明的那样，这两个接合领域构成了一个相互确认的互动规则框架。集市为商品与服务的接合做好了准备，而行政机构为集市活动所依赖的资产分配（经营模式）提供了政治保护，同时行政机构直接或间接地以税收和贿赂的形式获得了部分利润。

在这两个领域的实际运行当中，这样的互补性似乎明显与各自组织中的某些基本前提有关。其中一个前提是墨西哥宪法规定的区域自治，其内涵是在联邦有效管制之外发展当地社会形式。因此，省级行政机构可以制定法则和惯例以直接响应当地的权力集团。在恰帕斯高地，农场主、大商人、天主教会共同分享权力。此外，行政机构也主要从这些权力集团里招募人选。印第安人被排除在外。除了像埃拉斯托·乌尔比纳这样的案例外，印第安人不能进入操纵市场并且支持行政机构的强大精英层。对于印第安人来说，圣克里斯托瓦尔拉斯卡萨斯是进行交换的外围场所，是一个销售商品的地方而不是重大投资和获取利益的集市。[7]

这一调查结果使我们了解了另外一个主要以拉迪诺企业为主的市场-行政联合集团（market-administration constellation）进行平稳运作的基本条件：诸如土地和劳动力这样的主要生产因素的自由交换所遇到的明显种族障碍意味着，在这个交易领域里印第安人的参与微不足道，甚至根本不存在。换句话说，当地对劳动力和资金分配的约束产生了一种机会情境，这似乎阻碍了印第安人进行部落以外的投资。出于同样原因，这类投资只能通过放弃部

113 落领土和改变身份来实现。然而，离开故乡意味着放弃了生活所依赖的财产——土地。因此，印第安人不可能同意这种解决办法。

奥斯丘克案例可以充分地说明这种情况。因此，在下文中，我会详尽地描述土地占有制如何导致奥斯丘克罗人（Oxchuqueros）在活动进而身份的选择上受到了限制。

## 奥斯丘克的土地占有制及其含义

在奥斯丘克村庄，男性通过父系继嗣关系有权获得共同地产中的一份。企业的成员资格由父姓和常住地来决定。

为了利用他们的资产，奥斯丘克罗人不得不按照指定的方式耕作分配给他们的小块土地，也就是基于主要产物、玉米和豆类的刀耕火种。此外，他们还少量地种植水果和蔬菜（在宅基地的菜园里），饲养猪和家禽以供出售。唯一种植的经济作物就是用来生产纤维制品和纤维绳的龙舌兰。其他的产业似乎受当地的生态条件和文化环境（或礼节和行为举止准则）的阻碍：偏离常规的奥斯丘克罗生产与消费习惯，哪怕只有细微的差异，都是不合时宜的，甚至要与巨大的社会代价联系在一起（巫术和愚弄）。随着新教传入该地区而出现的社会动荡充分地说明了这一点。新教徒有可能要表现出他们的独立和“新的生活方式”；甚至他们在设备、粉刷房子或者是播种豆类的不同方式上的极其有限的投资都会遭到巨大的怀疑，有时候会导致巫术指控并且以杀人罪而告终。

出于再分配的目的，土地有可能随时被收回，考虑到在这样的土地上允许自由企业发展的后果，就股东一方来讲，这种僵化的土地开发方式是可以理解的。同样，任何个人都不能转让合作地产的任何一部分，其含义在于，如果一个人想要移民到一个条件较好的地方开始新的生活，那么他不能因为把他的股份留给了他的同伴而索要补偿。（奥斯丘克并不适合发展农业，土地匮乏是个相当严重的问题。）因此，他没有任何由他支配的资金用来建设部落边界之外的新生活。另外一点就是，除了某些偏远而又声誉不好的安置区外，根本不存在可供选择的安置地。要在奥斯丘克之外获得一份收入较好的工作也是不可能的，因为这需要永久性定居和家庭的迁移。 114

因此，奥斯丘克男性被置于这样一种机会情境中，它迫使他接受父系姓氏群体的成员身份，由此来利用他所在出生地的土地权利。这一选择涉及了许多次要的特权与义务，其中包括将他作为部落的正式会员对待的权利，以及在部落组织等级中享有声望的一系列愿望。不过这种权利只是以尊长认为合适的身份为部落同胞服务的一般义务的一个方面。在这样的情况下，不论一个部落成员认为自己是否有能力支付相关费用，都必定接受提名，成为圣日的仪礼赞助人。对老人们的愤怒和超自然神力的恐惧如期地控制了大部分人。

## 结　论

土地配置原则这单一因素，与生态约束结合在一起，如拉迪诺族群类别在交易网中捍卫其地位，往往限制了生为奥斯丘克罗人的个体的活动范围。

对于奥斯丘克罗的年轻父母来说，否认他的出身和脱离原有族群关系，似乎代价太大而不值得去努力。他不得不承认这一点，对此他所能做的就是接受他的前辈留给他的这一揽子交易：“留下来做个奥斯丘克罗人吧，去收获你仅有的财产给你带来的收益，为了这份收益你还是放弃你的大部分自主权吧。”他所得到的补偿就是在奥斯丘克罗判断标准内获得一份生计和潜在的权利与名望。

如前所述，消费状况受到了当地经济和文化偏见的影响。此外，它还受到了圣克里斯托瓦尔拉斯卡萨斯日常消费品的有效商业信息的左右，在这里拉迪诺人鼓励某些购买同时又遏制其他购买。结果是，通过扮演奥斯丘克罗人并且使自己担负起家庭和仪式的责任，个体不断地受到了部落成员和类似拉迪诺人的奖励。奥斯丘克罗人利益最大化地参与的活动和转换的范围具有了反馈效应，以此来证实这一体系所依赖的准则。因此，诸如语言和服饰
115 一类的习惯做法往往不断地传播着族群成员之间的社会和文化差距，这在恰帕斯高地社会实体的生产和消费体系中构成了互补性。

尽管如此，印第安双语者的数量还是在稳步增长。此外，印第安教师在印第安人社区不断地工作，印第安精英分子也在不断地形成(Siverts 1964)。但是这是否意味着拉迪诺化？印第安人在获得一席之位之前需要掌握多少西班牙语？他需要接受何种程度的教育？

显然，只要在印第安社会中限定了某些职位必须拥有这类专门知识，那么语言训练和一般知识就是最关键的要素。教育带给印第安人社会生活的好处在于，在完全的印第安人环境下，为印第安人搭建了参与政治活动的额外平台(Siverts 1965c)。因此，年

轻的印第安精英分子在鼓吹他们的拉迪诺知识的同时并不渴望被看作拉迪诺人，而是在他们自己的社会中急切希望获得认可。实现这一点的唯一方式，就是通过把他们的专门知识转化为有意义的活动，比如充当翻译或者在他们的部落成员与外界打交道的过程中去支持他们。因此，“新一代领导人”在一定意义上构成了整个社区的一种优势，即与拉迪诺人和圣克里斯托瓦尔拉斯卡萨斯相比，内部行政机构和磋商更为有效。

作为他们服务的报酬，这些“专家们”得到了职位，有时候获得的是实物或货币等物质利益。[8]换句话说，精英分子被融合入社区。是拉迪诺教育而不是对拉迪诺理想和拉迪诺身份的生产，对拉迪诺的行政机构和外部影响起到对抗作用，同时拉迪诺教育又强化了部落自豪感，并且巩固了印第安人团体。

但是，在此背景下的印第安团体通常只是局限于部落——印第安人自己的村落。目前，从总体上看，显然缺乏把印第安人团体观念拓宽到邻近的各村落或墨西哥印第安人中的趋势。[9]相反，每一个村落都是一个自成一体的单位；除了与拉迪诺人进行不平等的商业往来，以及在守护神节上与其他印第安人进行平等的仪式交流和小规模的贸易之外，部落成员看不到其他与世人打交道的方式。[10]

诸如在恰帕斯高地所看到的多族群情况与埃德黑姆[（边码）第 39 页及以下诸页]所讨论过的挪威北部典型的少数民族情况截然不同。拉普人可能会尽力捏造他的身份或者过着一种既是某类挪威人，私下里又是拉普人的双重生活；而印第安高地人不论是在
家里，还是在与拉迪诺人互动中，他始终是印第安人。他的印第安 116

人身份是互动的基础，这决定了他的命运。

**注释：**

1 原恰帕斯州首府，现在是主教辖区所在地，它被称作卡贝塞拉德迪斯特里托(Cebecera de distrito)，即高原地区的"首都"。

2 参阅 Blom and La Farge 1927；Blom 1956；Aguirre Beltran 1953；Guiteras Holmes 1946；Pozas Arciniega 1948，1959；Redfield and Villarojas 1939；Villa Rojas 1942—44，1947；Cancian 1965；Vogt 1966；Siverts 1965 a；Pitt-Rivers and Mcquown 1964.

3 部落境内的贸易有三种形式：a)亲戚邻居之间的延迟交换(先卖再买)；b)远方的亲戚和熟人之间间接参照墨西哥货币以物易物(香蕉换豆子)：50克=1 捆香蕉=1 罐豆子，根据季节不同，度量的标准也随之变化；c)居住较远而又毫无关系的部落人群之间通过货币进行普通交易。

4 参阅 1960 年在所谓的"动乱"期间发生的对奥斯丘克的"请求军事援助"事件。(Siverts 1964：368)。



5 非常典型的是拉迪诺人经常以第二人称(复数和单数形式)称呼印第安人，这种方式带有侮辱的含义。使用第二人称复数形式在墨西哥被认为是古语的用法，而第三人称用作不特指人称的复数。

6 新词拉迪诺化是从麦奎恩和皮特·里弗的论述(McQuown and Pitt-Rivers 1964 )中借用的。

7 参阅"外围市场"的讨论(Bohannan 1963：240ff.)。

8 教师们从印第安民族协会得到工资，亲戚们提供劳动，帮助他们耕种土地，朋友和邻居们经常给他们的家庭带去礼物。

9 "印第安团体"在一定意义上只存在于空想的知识分子和某些理想化的缺席的政治家中间。

10 对于现在的奥斯丘克罗人或坎库克罗人(Cancuquero)来说，泛印第安主义(Pan-Indianism)和过去起义时期，即著名的 1712 年大起义，一样陌生，那时候这两个部落的人临时联合武装力量孤注一掷试图与西班牙人对抗(Pineda 1888)。也许这是一种征兆，他们错失了摆在眼前的胜利，因为军事行动中他们出现了犹豫不决和缺乏组织而不是一鼓作气和精诚团结。这个例子说明了富有戏剧性的含义：在多族群环境下，人数占优势的散兵游勇不能齐心协力战胜有组织的少数敌人；但是，当然西班牙人从来没有成为真正的少数民族，他们像今天的拉迪诺人一样代表了一个庞大的社会。

# 帕坦人的认同与维持

弗雷德里克·巴特

117 帕坦人(Pathans)[又称普什图人(Pashtuns)、帕克同人(Pakhtuns)或阿富汗人(Afghans)]是一支庞大的、自我意识极强的族群,居住在与阿富汗和巴基斯坦西部相毗连的地区。帕坦人通常以裂变和复制的方式组织起来,没有集中制的机构。

这一规模和组织的群体广泛分布在生态多样化的地区,在不同的地域和不同文化的人群接触,在现有背景下,这一群体引出了一些有趣的问题。尽管这支族群的成员可能抱着坚定的族群认同信念,但他们对声称具有相同族群认同的偏远群体的理解却很有限。虽然族群内部的相互沟通形成了一张不间断的网络,但是却不能轻易地假定它传播了足够的信息,以长期维持共同的价值观与理解。因此,尽管我们能说明帕坦人认同的维持是公开的目标,但是,对于这支族群的所有成员来说,这只是在高度不一致的当地环境背景下,处在一个有限的视角上来追求的一个目标。结果,从总体上来说,他们并不是自觉地去维持一支不可分割的、独特的单一族群。那么我们如何去表述这支族群的特点和边界呢?下面的论述试图通过分析和比较帕坦人领域里不同区域的边界维持的过程来回答这个问题。既然我们的问题涉及产生和维持我们今天所观察到的模式的长期过程，我将关注在该地区占主导地位并很大程度上仍然存在的传统组织形式，而不是关注现代管理机构近来对帕坦地区渗透的过程。

帕坦社区的文化与社会形式多种多样（见第 118 页地图）①在
穿越帕坦大部分地区的贫瘠山脉的中央地带可发现一些混合农业
者的村庄，这些村庄在政治形式上无首领，以平等主义的父系继嗣 118
群形式组织。②在山区的有利地段以及在更宽广的山谷和平原
上，出现了更多的以人工灌溉为主的密集型农业。在这些地区，帕
坦人是土地拥有者或自耕农，同时，一部分村民是由佃户塔吉克人
（Tajiks）（位于南部与西部）或是作为奴仆的佃户和低种姓（位于
东部和北部）组成。政治形式主要以帕坦继嗣群裂变组织为基础。
一些地方处于无首领体制下，另一些地方在普遍的裂变状态中融
入了半封建体制，并且越来越倾向于官僚式的行政管理。③生活 119
在阿富汗和巴基斯坦的一些城镇里作为行政官员、商人、工匠或体
力劳动者的帕坦人，也被整合进了这两个国家。④特别是在南部，
这一族群的一支庞大分支过着草原游牧生活，政治上采用部落组
织形式，在某种程度上表现出高度自治性。最后，帕坦人的一些群
体从事粗放式劳动，或是进行一些移民交易（trading migration），
即定期把个人或小群体带往远在帕坦领土的地理边界以外的地
方。

作为一支有特色的、个性明显的，并且拥有明确社会分布边界的族群单位，这类生活方式的多样性并没有明显地表现出对帕坦人自我形象的削弱。因此，我们所观察到的不同的帕坦人社区之间的文化多样性并没有就族群身份区分个人的标准，尽管这种文

化多样性从客观角度来看似乎达到了可与任何帕坦社区以及邻近非帕坦人群体之间的文化多样性相提并论的程度。与此相反，这一群体的一些成员仅仅选择某些文化特质，并且使这些特质成为构成族群归属的明确标准。

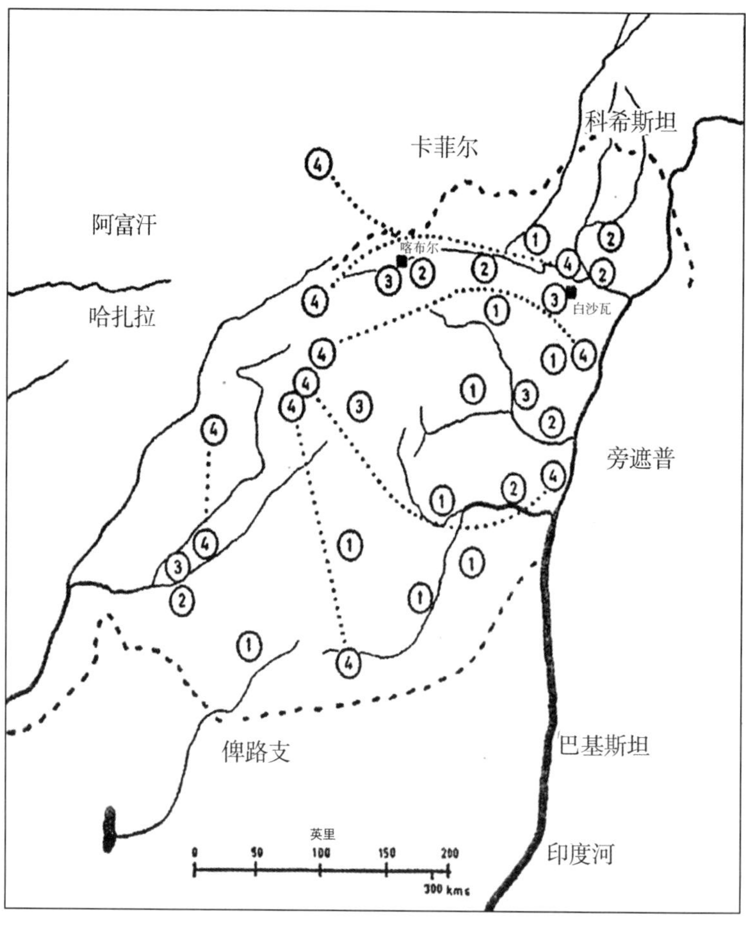

**帕坦地区：适应形式分布图**

**图中数字指的是第 136—137 页所涉及的类别编码。**

帕坦人似乎把下列的一些属性作为与帕坦人身份认同紧密相

关的因素（参阅 Caroe 1962，Barth 1959）：

1. 父系继嗣。所有的帕坦人都有一个共同的祖先，据公认的 120
系谱记载，他生活在 20 至 25 代以前。尽管对系谱的兴趣非常巨大，但是不同地域不同的个人就公认的系谱的理解是不一样的，但普遍认可严格的父系继嗣标准。

2. 伊斯兰教。一个帕坦人必须是一位正统的穆斯林，生活在先知穆罕默德时代的凯斯（Qais）被公认为他们的祖先，凯斯在麦地那（Medina）找到先知，表述了他的忠诚，并被赐予阿卜杜尔-拉希德（Abdur-Rashid）这个名字。因此，帕坦人从一开始就有宗教信仰，在历史上他们也没有背负失败和强制皈依的污点。

3. 帕坦风俗。帕坦人是靠一系列习俗生活的人，这些习俗在所有的帕坦人群中都被认为是普遍而富有特色的。普什图语有可能包括在帕坦风俗中，它是必要的可区分特征。但就其本身而言，普什图语并不是充分条件，因为我们不只是和一个语言群体在打交道。帕坦人有一句直率的谚语，“能‘做’普什图语的人才是帕坦人，而会说普什图语的不一定是帕坦人。”从这个意义上来说，“做”普什图语意味着以一种确切的语码来生活，而这方面是一些操普什图语的人所缺乏的。

帕坦风俗被一些当事人想象为与伊斯兰教完全一致，并且是对伊斯兰教的补充。这种风俗的某些部分通过部落会议和行政官员作为习惯法被确定下来并加以公开，同时，一些书面和大量的口头文献以一种规范而又爱国的形式来关注帕坦文化的独特性。帕坦文化所依赖的这些价值取向强调男性的自治和平等、自我表达和攻击性。这一系列特征可以用荣誉（伊扎特，*izzat*）这一概念概括，但是，“伊扎特”一词却不同于地中海研究中所赋予的那个词的意思，随着分析的进行，这会变得明显。

这些特征合在一起，可以被认为是帕坦人的“本土模式”（参阅 Ward 1965）。这种模式给帕坦人提供了一种自我形象，并且他把这种模式用作衡量他本人与其他帕坦人的行为的普遍标准。显然，只有当这种本土模式提供了一种切实可行的自我形象，并能恰当地与在社会交往中所经历的某些认可相一致的话，它才可以被切实维持下来；我对跨越边界的分析中的一些论点也基于这一点。然而，这种“本土模式”并不一定能真正充分地反映经验事实。为了我们的分析目的，我认为帕坦风俗可以在一些帕坦人生活的重要习俗中得到更有效的描述。它们综合了重要的价值趋向，通过这些可以对各种举止和是否优秀做出判断，以及场所和其他有组织的安排，相关的行为可以得到实现和展示。在帕坦地区的不同地方，边界维持过程的分析要求对三种由来已久的习俗要有了解，这三种习俗控制着三个主要的活动领域。迈勒马斯提阿（*Melmastia*）意思为好客，是对物质商品最好的利用。吉尔贾（*Jirga*）意思为会议，是对公共事务的一种高尚的追求。普尔达赫（*Purdah*）意思为隔离，是家庭生活的荣耀组织。

好客包括一系列的习俗，根据这些习俗，本地人有义务把外来者带到当地的群体里，暂时对他的安全负责，并满足他的需求。当游客置身于陌生的环境中时，这种义务就会产生。因此，当行路的陌生人走过正在吃饭的当地人面前时，他会得到一些食物，当有人来到一个村庄时，当地人会跟他打招呼并帮助他，朋友一露面也会立刻受到欢迎。反过来，客人有义务承认主人对在场的财产和人员拥有最高权威与统治权。在主客关系中，任何一次简单的相遇都是暂时的，因此，身份也是相互转换和互惠的，好客也很容易成 121
了两派之间平等与结盟的习惯做法；另一方面，一贯的单边主客关系意味着客人的依赖和政治上的屈从。

帕坦人款待客人的合适场所因当地情况而异，规模也不尽相同，但都涉及将可公开出入的空间用于待客：一栋专门的男人的房子，一间独立的客房或仅仅是一个坐的地方。空间和场合可以被一起描述为场所，因为它们提供了实施行为的机会，而这些行为可以根据规模与质量而被公开评价。特别是，为待客而准备的场地会给主人提供机会来展示在管理方面的竞争力、他的盈余以及人们对他的信任。更重要的是，场地的准备也表现出了他的责任，暗示了他的权威和自信——帕坦男人的最基本美德。进一步来讲，它证实了帕坦人生活的基本前提：财产不是为了积累，而是为了利用，财产本质上并不重要，只有软弱的人才会附着在财产上并依赖于财产，而强大的人把他的地位建立在内在的品质和人们对这些品质的认可上，而不是建立在通过对物质的控制而达到对人的控制上。由此，贫穷山区农民的自尊可以在相邻的东方文明的富裕和奢华面前得到维护，但同时在帕坦人价值观的范围内，好客也是把财富转化成政治影响力的一种手段。在让被款待的陌生人认可当地人最高特权的同时，当地首领也能通过单边宴请同村人而获得大批的拥护者。这些好客理念除了促进无政府领域中人员和信息的流通，保护当地人不与陌生人进行招致不满的比较外，还能进一步在政治上同化在帕坦领导人统治下的依附者。

帕坦人的会议是男人的聚会，通过一次或几次现场的会议，把

男人召集在一起以便就共同关心的问题做出联合决策，因此，这样的会议也可以指特别会议（*ad hoc* meeting）或特别法庭（instituted tribunal）。共同关心的问题可能是在场的派别之间的矛盾或是一项联合行动计划。会员之间的关系是平等的，没有发言人也没有领导人；这种平等通过人们围成一圈席地而坐而凸显出来，所有的参会人都有发言权利。这个实体并不是通过选票的形式确定最终的决定，而是直到决定没有被提出任何异议，讨论和谈判才结
122 束。因此，一项单独的决议只有被每一个参会者同意后才被一致通过，并具有了法律效力。不接受决策的派别只好退席以示抗议，以避免责任。

因此，会议也是帕坦人展现重要品质的地方，诸如勇气、判断力、独立性和品德，同时通过一些程序，帕坦人的影响力以及对他表示的尊重都会很明显地表现出来。更为重要的是，会议的这种组织性加强了帕坦男性基本的正直与自治，以及帕坦人之间社会契约的基本自愿性。它使群体在不损害任何参会者独立性的情况下共同达成决议；会议没有引入任何人的下命令的权利而破坏平等主义的各方平衡的结构，可以产生具有约束力的关于联合行动的共同决议。



最后，**隔离**建立了一个活动组织，它同时强调了男子气概和男性社会的重要性，并且防止家庭生活中的行为现实（realities of performance）对男性公共形象的影响。如果帕坦人的价值趋向与在男女受众前的行为也具有相关性的话，我们会看出它包含着许多矛盾。因此，对男子气概和性机能的重视有性欲与竞争欲的一面；可是放纵自己的欲望却是“软弱的”，会遭到人们的强烈嘲弄。

这种父系的意识形态以及对性机能的重视都暗示了对男性及男性团体的评价远远高于女性；而性的本质必须通过女性的参与来完成。最后，还有一个“物质”(things)脆弱性的问题和权利的侵犯性问题。我们已经了解了对自由与自治的明确评价是如何通过好客，以及对物质依附和重视的否认来推进的。然而，男性对女性、姐妹与妻子的权利不能以这种方式被剥夺和清算：男人依赖于他的女人，通过女人而脆弱。

对于所有的这些矛盾而言，妇女的隔离与家庭生活的封闭是一种适当的行为解决方式。它也使得配偶之间能够达成现实调解的家庭组织成为可能。公开的男性价值观所要求的性能力、优势和父权制在公共场合下都没有必要圆满地实现；男性之间关系的至高无上可以在公共领域里被认可而无需和性被动联系在一起；同时，配偶之间的互动也无需因为公众场合的男性观众所设计的男性表演而走样。家庭行为的综合模式很难以书面的形式规定下 123
来。但是，帕坦人中的离婚率与通奸谋杀率相对较低、定期离开妻子的游牧民与移民对妇女的信任、作为家庭荣誉维护者的母亲们与姐妹们的传统观念激励她们的男人更加勇敢，等等，都说明了家庭行为的充分性。

如果有必要的外部环境，这三种重要的习俗结合起来可以为帕坦人提供一些组织机制，借此，他们可以相当成功地实现帕坦人的核心价值观。

在无首领和多裂变(poly-segmentary)的群体中，这三种重要习俗也促进了共同价值观与认同的维持。不论居住地和政治立场如何，公共场所提供了表现和被他人评判的机会；这三种重要的习俗在广大地区内调节了判断和公共观念。无论什么时候男人们在会议上相见,无论客人们到达什么地方,帕坦人都非常的好客,他们的核心价值观被演绎着,行为的充分性得到了评判和认可。因此,尽管缺乏一些核心的标准场所或实例,但是协定可以得到巩固和维持,共享身份这一现实也可以持续下去。

此外,由此实现的价值观一般会被周围的民族所共享:作为一名帕坦人,成功意味着他们的行为也受到了非帕坦人的称赞。族群认同在接触情境中也得到成员们的高度评价,并且无论在任何地方族群认同都会被维持下去。因此,对帕坦族群单位边界机制的理解取决于对以下几个特殊因素的理解,这几个因素导致对族群认同的维持变得不堪一击和缺乏吸引力。这些因素在帕坦领域的不同边缘地区也各不一样。以下将逐一讨论。

在南部的帕坦人边界,帕坦继嗣群通过世系会议(lineage councils)在政治上组织起来,他们主要面对的是沿着明确标定的领土边界组织起来的俾路支部落群(Baluch Tribes)。虽然在南部有一条从低洼而干旱的地区朝北缓慢过渡到潮湿而多山地区的渐变线(cline),但是这条边界与重要的生态差异并不一致。在近代,这条族群边界也随着俾路支部落在边缘地区的断断续续的侵占而一直朝北移动。

这个过程中所涉及的主要因素已在其他论著中分析过(Barth 1964a),在此只需做简要的总结。关键的因素是俾路支人与帕坦
124 人之间的政治结构不同。俾路支部落建立在由酋长和副酋长统辖下的、平民在政治上归顺的契约基础之上(Pehrson 1966)。这种形式对人员的重组与同化采取了宽松的态度,在历史上通过联盟、

个体与小群体的扩大，俾路支部落得到了发展，这方面的证据是令人信服的。[1]

另一方面，南部帕坦人是由地域性的裂变继嗣群组织起来的。尽管许多继嗣群也有首领，但他们都是继嗣分支中的头人，在这些分支中依附者（clients）受到排斥；政治性决议都是通过平权会议制定的。非继嗣成员的同化只能通过部落成员或分组下的依附关系（clientship）产生。依附者是低下的非部落成员，处于农奴地位，对于他们来说，同化只是作为最后的手段才吸引了他们。况且出于生态和社会原因，对潜在的庇护人来说，这种关系同样没有吸引力。本地区的依附者只能生产出非常有限的盈余，从这微薄的盈余中庇护者可能会受益，反过来庇护者对依附者的义务也相当全面。他不仅要对依附者的安全负责，还要对他造成的违法行为负责；在一个安全来自一个男人集结集体力量的能力的平等主义社会里，控制一些依附者的政治优势非常有限。这样，寻求依附的人们由于帕坦族群的结构不能容纳他们而纷纷离开。而俾路支首领们为了争取影响力和税收而相互竞争着把新成员纳入到部落里来。经历过战争、意外事件、犯罪而失去社会停泊地的任何人和小群体都会被纳入俾路支政治结构。此外，比起帕坦人的政治结构，作为有中心化领导的单位，他们都更能追求长期发展的策略，通过融合和特别会议被动员起来；俾路支人表面看输给了帕坦人，但实际上却赢了帕坦人——在接收所有依附者的过程中，俾路支人提高了自己的等级，也由此逐步侵占了帕坦人的领地。

结果是，帕坦族群的成员不断向俾路支族群流动，却从没有产生过相反的流动。实际上，大部分俾路支部落的成员都承认自己

的帕坦人起源。然而,俾路支型政治结构对帕坦人的不断吸纳与帕坦族群认同受损紧密相关。因此,帕坦部落与俾路支部落的明显分化仍旧存在。产生这种现象的原因必须追溯到帕坦人价值观
125 与政治环境之间的重大分歧上。

当然,加入俾路支部落并获取成功需要精通俾路支语和礼节,因此,也在某种程度上被俾路支文化同化。然而,这种程度的灵活性与双语能力是很普遍的,所以外部条件并不要求人们在认同上做出改变。当然,一些关键性因素与行动者本身对族群认同的选择有关系,而这些因素都使得他在俾路支族群认同选择上存在一定的偏见。我已经在上文论述过会议如何为帕坦人的政治活动提供了一个理想的场所,这种政务会使帕坦人得以联合行动而无需在他们的自治原则上妥协。相反,受中央控制的俾路支部落成员绝对要在自治上妥协:男人必须依附于一个首领,而且他不能在公共场合代表自己讲话。根据帕坦人的价值观标准来判断,保护关系使一个男人陷入令人鄙视的失败中,同时这种关系也将一个不独立的平民置于次要地位。相反,在俾路支人当中,作为荣誉平民的自尊与认可并不要求这种程度的权利主张与自治。从俾路支人的价值观来判断,作为首领和贵族的依附者,其代价微乎其微。男子气与竞争并不需要在平民无权参与的政务会上来表现,但是可以在其他活动领域去追求。在俾路支人的环境下来维护帕坦族群认同,一个帕坦人将冒以下风险,即根据俾路支人的标准来判断他的行为完全是不可取的,但是根据帕坦人的标准来判断,他的行为是非常荣耀的。那么,任何被同化的人都选择了使他的处境更能被接受的认同也就不足为奇了。结果,政治成员资格的变化与族

群认同的变化紧密地联系在了一起，尽管有人员上的流动，但是个人与部落之间的明显分化还是被维持着。只有一少部分人例外：被俾路支人作为农奴或奴隶而征服的一些帕坦族家庭或群体（参阅 Pehrsin 1966：12），他们也是俾路支平民的依附者，尽管在帕坦自由人中得不到认可，但是他们依旧坚持至少能给他们带来高贵血统资格的身份。

帕坦领域的西部边缘地区展现出了一幅非常不同的图景（参阅 Ferdinard 1962）。在这里，相邻地区的大部分已经被操波斯语的哈扎拉人（Hazara）占领，而帕坦人中以游牧为主的牧人和以做生意为主的牧人渗透到了哈扎拉领域并大批地定居在那里。这显然是阿富汗的阿卜杜尔·拉赫曼君王（Amir Abd-ur-Rahman）打败并征服了哈扎拉人后才形成的局面。在此之前，族群的混杂非 126
常有限。哈扎拉人属于山地人中贫穷的混合型农业人口，由小酋长来管辖并且负责保护他们的领地，而帕坦人占领了广阔的山谷和平原。

这种之前排他性的领土保护机制的基础应该从政治与生态因素的联合策略中去探究。作为混合型农民，哈扎拉人开发了农业与牧业相结合的生态位，因此帕坦族农民与牧人成了他们的竞争对手。特别是，正如双方所发现的那样，小酋长们的部落政治制度已经无法容纳更大体系下的不同组织的族群的相互接合。因此，以部落形式组织起来的哈扎拉和帕坦社区之间的关系不可避免地具有了竞争性，并都试图对边界一线进行资源垄断。他们之间明显的边界稳定性也可以理解成得失平衡的结果：伴随着已获得的政治联盟形式，帕坦部落对哈扎拉领域的征服与渗透的代价也远远超过了他们想象中所获得的回报。

哈扎拉贾特人(Hazarajat)纳入到了阿富汗的政治领域导致了相对的平和状态,这种状态迅速改变了周围的环境。资源开发带来的竞争不再受伴随而来的防御和渗透的成本的束缚,以游牧为主的帕坦人为了使用夏季牧场开始季节性迁移。尤其是,自由迁徙力度的加大为商人开辟了进行贸易的领域,拥有贸易商品资源途径的帕坦人也迅速进入了该领域。然而,在定居城镇里进行的贸易在一定程度上受到鄙视,留给了特殊的下层群体。进行贸易的牧人荷枪实弹,冒着生命与财产的巨大危险向外渗透,这种生活也展示为帕坦人所重视的男性品质提供了大量的机会。通过把安全建立在土地上的制度化手段,这些商人不仅创造出了可观的贸易额,而且获得了农业用地的控制权。结果是,在哈扎拉人中的土地拥有者不断地向帕坦人居住地移动。

这种趋势例证了许多帕坦人地区典型的扩张和族群混居模
127 式。长期以来,帕坦人向北向东不断扩张,当然有时会采取迁移和征服的形式,将原有人口全部驱逐;但更常见的情况是非帕坦族原住民部分迁居。这些情况下,帕坦人在阶层分明的社区里确立了自己的地位,成为多族群体系中居支配地位的、拥有土地的群体。在西部的大部分地区,普什图人和说波斯语的塔吉克农奴之间存在分化,而在东部地区,帕坦人与高度分化但大部分操普什图语的一群依附性等级群体形成对照。

形成这些庞杂体系的一个前提明显是生态性的。从帕坦人的视角来看,显然只有接纳依附者带来的弊端,即不断增加的脆弱性,被估计小于他们在经济与政治上带来的优势时,依附者才可能被接受。我已经论证了在南部贫瘠的山脉里，这种自然条件导致的是对依附者的排斥。相反，在富饶的农业区，特别是有大量机会实施人工灌溉的地区，农场劳动力生产出了大量的过剩农产品，结果是一些能赚钱的经营实体建立在对土地控制的基础之上。因此，使自己成为土地拥有者或其他产业的赞助人这一选择非常具有吸引力。通过把农奴融合为真正的依附者（哈姆萨亚，*hamsaya*），政治的优势地位就能以不同形式维持下来，或者它建立在由单边好客而产生的较少承诺的义务之上。在剩余非常多的地方，后者的模式更加普遍，正如在北方男人家庭宴会的发展中所看到的一样（Barth 1959：52ff）；通过这种方式，帕坦人可以获得对依附者的政治影响而无须增大自身的脆弱性。

在这些环境下，帕坦人的族群认同很容易维持，因为它允许在各种场合里有充分的行为表现，而在这些场合之下族群认同具有法律效力。然而这种体制下的政治自治建立在土地所有权的基础之上。因此，长期的族群边界维持都以帕坦人手上的土地垄断与保留机制为前提。丧失了土地控制权的人们要么以子嗣的身份得到被抵押的土地，要么放弃作为帕坦人子嗣的权利，并且从帕坦族群中脱离出去。另一方面，非帕坦人除非能被完全同化为帕坦人，否则他们在土地获得方面会受到限制，参与帕坦公共场合（fora）的行为也会被阻止。

人们可以发现这一体系中的几种模式，特别是斯瓦特（Swat）
模式，在这种模式中，丧失了土地的人同时也就丧失了他们子嗣的 128
地位，而圣茨人（Saints）和其他人即便获得了土地也依然不能参与到政务会中或是男人的家庭待客中。因此，获得胜利的帕坦人就可以融合其他群体的人进入到政治社会体系中而无须同化他们;其他族群和同一社会阶层的群体也可以把这一体系渗透到生态位能得到利用的相关地域中,像游牧部落的古贾尔人(Gujars)和从事贸易的帕拉扎人(Parachas)。然而,伴随着帕坦人与依附者的分化,文化差异显然在逐渐减少。在整个分层社区里有一种高度的多方面的融合,该融合加快了这种趋势。大部分社会生活都可以和教义平等这一宗教背景相关联。通过高攀婚姻(hypergamous marriages),或是由于丧失了土地及地位,人员在不断地流动。最终,产生了各种各样的环境,在这些环境下,遵循各种理念和标准对不同社会阶层的群体显得有价值:在比赛、狩猎、战争和勇敢的行为中,非帕克同人和帕克同人都要根据相同的男子汉气概标准被联系在一起并得到评价和奖赏。[2]结果是整个分层群体趋向于统一的帕坦人的生活方式和语言。因此,尽管族群名称的地方版本(比如就斯瓦特人和白沙瓦人而言的帕克同人)继续在内部表示占主导地位的阶层,但是它越来越多地被用来统称整个人口,与其他非普什图语地区的人口做出区分。从这个意义上讲,内部的边界逐渐丧失了它的某些族群特征。

帕坦地区的东部边缘地带朝着富饶而又人口密集的印度河流域延伸,表明了其中一些因素的不同组合。纵观历史,帕坦人的部落和群体从山里撤出来征服了旁遮普人(Panjab)和远东地区大大小小的地盘,成为土地的主人。然而,正是这些征服者被逐渐同化,除了白沙瓦平原几乎被封闭的地区外,帕坦地区的边界一直离山麓地区很近。这种边界民族动态有可能被简化成为一种持续不断的压力和帕坦地区人员的迁出,而这种迁出又通过移民被不断吸收为帕坦的平原人口而得到平衡，这两种过程的比率沿着离山麓地区有一定距离的一条界线保持着平衡。就定居在平原上的帕坦人的机遇情境来说，同化的方向与比率都是可以理解的。这些
平原一直处于中央集权政府的统治之下，由于纯粹的地理与战术 129
原因，这些平原都是由接受过城市文明的部队控制。因此，任何占有土地并居于统治地位的群体将被迫迟早向这些权力中心妥协，否则他们就会被摧毁。然而，帕坦土地拥有者只有通过摧毁维持自身认同的基础——捍卫荣誉，无首领的政务会协作，以及最重要的帕坦人自尊的基础，即个人自治——才能真正接受这种强权。这一类的土地占有者陷入了这样一种社会体制之中，即对帕坦人品质的追求会不断地受到惩罚，而妥协、屈从与和解会得到奖励。在这些环境下，人们有可能只传承下了帕坦人的血统，但是与认同紧密相连的独特行为方式却被中断了。在一定程度上，这一类群体保留了普什图语，他们冒着被嘲弄的危险：他们被帕坦人刻薄地说成只说普什图语而不做普什图人该做的事，维持当帕坦人的假象是得不到褒奖的。

不过，我们可以在印度-巴基斯坦地区（Indo-Pakistan area）的社会体制下找到一些缺乏竞争性的生态位，在这个地区，帕坦人身份认同可以在更加个性化的基础上维持下去。作为高利贷者和守夜者，帕坦人可以保护和利用诸如无畏、独立和支配性等一些品质，凭借这些能力，他们通过次大陆四散开来。

从内部来讲，某种相似的身份认同丧失从传统意义上来说多发生在阿富汗的阿富汗（帕坦）王朝统治下的地区，尤其是在喀布尔和其他城市中心。在这样的地方，中央集权极为严重，以至于对

重要人物来说，坚守并展现身份和地位所要求的自治和独立是非常困难的。有点不协调的是，在这个纯粹的阿富汗王国里，精英阶层与城市中层阶级在语言和文化上表现出对波斯化的极度认同，在这些环境下，我认为这代表了一个老于世故的人对不可能成功完成帕坦人认同的逃避。随着现代阿富汗民族主义的进一步发展，这种情况发生了变化，一些新的程序也开始运转。

我在其他论述中（Barth 1956a）分析过决定帕坦人朝北分布的局限性的生态因素：复种（double cropping）的管制界限，超过这个界限，北部帕坦地区以男人集会所好客为基础的盈余需求型政
130 治结构就不能维持下去。在这条清晰的地理和族群边界的北部，有一个由不同部落组成的集合体，统称为科希斯坦人（Kohistanis）。但是这条边界也并不是完全不允许人员穿越。据传说，帕坦人的几个群体和分支从他们南部的领土上被驱赶出来后逃难到了科希斯坦，我在科希斯坦的调研中就曾碰到过这样一个群体（Barth 1956b：49）。作为一个紧凑而独立的社区，在这片地域生活了四代以后，这个群体更像邻居科希斯坦人，而且在经济、社会组织和生活方式上完全不像帕坦人了。有理由认为，尽管他们仍然把普什图语用作母语，但它不久将会消失，从基因学角度看，在其他科希斯坦地区居住的一部分帕坦人已经同化到科希斯坦族群认同中。

以上这种情况是和其他地方的同化动态相一致的。帕坦族群认同，作为在科希斯坦的一种生活方式，一定要和相邻谷地所发现的认同形式进行比较和对照。在这些山谷里，分层的复杂体系构成了一种框架，在这个框架下，帕克同土地拥有者作为基于男人房

屋的共同群体的政治领袖起到了非常重要的作用。相比之下，科希斯坦人有一个简单的分层体系，大多数是土地拥有者、耕种者和平民，少数是依赖于他人的农奴，还有一些说普什图语的工匠。从政治角度上来说，这个地区处于高度的无政府状态和分裂的局面。

从总的价值趋向上看，科希斯坦人和帕坦人极为相似；像我已经描述过的帕坦人活动场所一样，我们也可以发现类似于成规的文化特质丛(institutional complexes)。同时，科希斯坦妇女的隔离甚至更为严格，也更难处理，因为妇女要忙于农事，所以必须在公共场合劳作，这就会引发更加明显的逃避和躲避行为。政务会被局限到已设立好的村政务会上，男人们坐在围成方形的板凳上，作为世系的代表坐在一起。最后，待客的程度是非常有限的，因为经济原因，好客并不能为首领地位奠定基础：依附者都是没有土地的农奴，他们受制于土地。

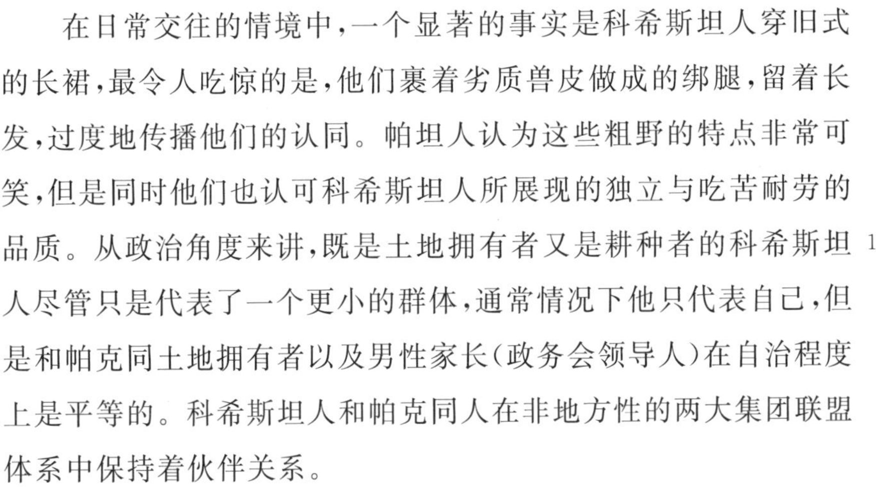

在日常交往的情境中，一个显著的事实是科希斯坦人穿旧式的长裙，最令人吃惊的是，他们裹着劣质兽皮做成的绑腿，留着长发，过度地传播他们的认同。帕坦人认为这些粗野的特点非常可笑，但是同时他们也认可科希斯坦人所展现的独立与吃苦耐劳的品质。从政治角度来讲，既是土地拥有者又是耕种者的科希斯坦 131
人尽管只是代表了一个更小的群体，通常情况下他只代表自己，但是和帕克同土地拥有者以及男性家长(政务会领导人)在自治程度上是平等的。科希斯坦人和帕克同人在非地方性的两大集团联盟体系中保持着伙伴关系。

被赶出低洼河谷土地的帕坦人，通过逃离到科希斯坦，征服或购买土地，以自有耕种的方式养活自己，逃避了臣服和卑微的地位。正因为如此，他们维持了类似于帕坦人和科希斯坦人高度重视的自治，但是和男性集会所（men's houses）的帕坦领导人相比，他们在待客场所和赠送礼物方面的表现却显得非常可怜——他们所能赠送的东西只能和富裕地区靠他人生活的下人相比。在这种情况下，维持帕坦族群认同意味着表现上的彻底失败，而如果改用科希斯坦族身份，就可以避免被判断为帕坦人，同时强调自己的处境和表现中可能有利的那些特征。正如科希斯坦人所发现的那样，在与帕坦人打交道的过程中强调他们的认同对他们是有利的。同样，对帕坦移民来说，在这些情境下表现他们的认同也是有利的。在科希斯坦分裂的无政府地区，存在大量能共存的基本价值趋向，互相交流的障碍不多。因此，族群分化对应的只是生态与地理上的分隔。



在以上的叙述中，我尽量简洁地概括了帕坦族群的概貌以及它的分布。很显然人们要认同自己，同时还要得到他人的认同，正如根据截然不同的原则构建起来的各阶层的成员一样，帕坦人在各种各样的组织形式下生活并维持着认同。在这些不同的条件下，帕坦社区的生活方式展现出大量的表现型差异（phenotypic variation）就不足为怪了。同时，帕坦人的基本价值观和社会形式在许多方面都与其他相邻族群类似。这就提出了一个问题：在这个地区通过族群命名所关涉的类别和不连续性的性质是什么？作为族群组织，文化差异是如何产生影响的？

从表面上看，族群通过一些文化特征来区分，这些文化特征具有多样性并且被当做是认同的公开符号，人们把这些公开的符号作为分类的标准。他们都是些具体的风俗，从服饰的样式到继承的规则。然而，有一点非常明显，族群分化并不依赖这些公开的符号。因此，如果帕坦妇女开始穿俾路支妇女穿的服饰，即前襟绣花 132 短上衣时，帕坦人与俾路支人之间的对比仍旧不会改变。这种分析致力于揭示帕坦人最根本的特征，如果这些特征发生改变的话，那么当面对一个或几个对照群体时，就会改变他们的族群类别，这就意味着要对边界和边界维持给予特别关注。

根本的论点是，人们通过公共行为来维持他们的认同，而我们不能直接评论这些公共行为：第一，公共行为必须通过有效的族群选择方式来解释。族群认同可以用作类别列入、类别排除和类别交流，如果人们的行为有意义的话，那么关于族群认同的自尊与改变必须是一致的。标志着一个人属于帕坦类别的符号与认可表明他要受到一系列富有特色或在特性上重要的价值观的评价。帕坦价值观中最典型的特征就是对自治的重视，这体现在政治上、体现在与物质的关系上以及体现在通过亲属关系来逃避影响与脆弱性上。如果认同能被适当成功地实现，那么这种认同才可以被维持下去，否则，个体将会为其他的认同而放弃这种认同，或者通过改变这种认同的标准来改变认同。

我尽量展示帕坦组织的不同形式如何在不断变化的条件下以不同的方式实现认同。我也试图展示，在个人表现不佳，而替代身份触手可及的情况下，个人的边界跨越，即改变身份，如何使族群组织保持不变。我也探讨了在许多人无法出人头地，又没有可供替代调整的身份时所产生的问题，以及这如何导致种族认同的改变，从而导致单位和边界组织和重构。扼要概述一下与政治范围的组织有关的内容：政务组织的帕坦模式允许男性适应集体生活，同时不损害其自主权，由此实现和发挥了帕坦人的权限。在外部的约束条件下，作为大型的、在组织上有所不同的社会成员，作为贸易游牧民、守夜人和放贷人，帕坦人通过勇敢和独立面对敌对力量来寻找能实现这些权限的其他方式。然而，在某些情况下，帕
133 坦人发现自己不得不做出妥协，否定自己的自主性：他们成为了俾路支酋长的依附者，现行集权制的各州封臣、纳税人、解除武装的公民，土地拥有者或主人的附庸。如果有其他身份，而这些身份不如此重视自主性，这些不幸的人就会接受其他身份并“冒充”(pass)，成为俾路支人、旁遮普人或说波斯语的城镇居民。在斯瓦特和白沙瓦地区，没有这样的对照认同可供选择，因此失败感与羞耻感是无法避免的。然而，政治自治的全面失败似乎导致了对维持帕坦人认同最基本要求的重新解释，从而改变了帕坦族群认同的组织潜力。

由此，我们被带入了这样一个问题：与族群认同相关的特征在什么情况下维持，如何维持，以及何时改变。维持连续性的正常社会过程是通过公共共识与事实上的积极和消极承认，维持总体的身份定义。然而，如果在某种情况下，某身份类别中的一些人，如卡苏(casu)帕坦人，失去了自己的特征，以与传统帕坦人不同的方式生活，会怎么样呢？公众是否认为他们不再是帕坦人了？或者这些特征不再和帕坦人身份相关了？

我试图说明，在大部分情况下，行动者改变标签对自己是有利的，可以避免失败的代价；因此，在有其他身份可供选择的情况下，人从一种认同流向另一种认同，而身份的传统特征并没有发生改变。在有些情况下，并不会发生族群认同的变化。以俾路支部落的帕

坦农奴为例，农奴要提出宣称帕坦认同的申请，然后得到俾路支主人的批准。然而，实际上，在这个例子中所涉及的是某种羞耻的认同：俾路支主人享受着征服帕坦农奴的胜利，但是他们却解释说这些人只是以前占统治地位的帕坦人的农奴。他们的帕坦主人们被打败并被驱逐出去，因此，这些说普什图语的人实际上并不是他们的后裔。这些所谓的“帕坦”农奴并没有去过帕坦人的场所，因此他们的身份也没有得到帕坦人的确认。由于许多人改变了他们的族群标签，只有少数人在不利的环境之下依然坚持着帕坦人的认同，因此，认同保留着它的特征。只有在许多人尽管失败而依然选 134
择维持帕坦人认同——或者失败极为普遍并且代价较低时，比如像白沙瓦地区的主体人口那样，认同的基本内容和特征才开始改变。

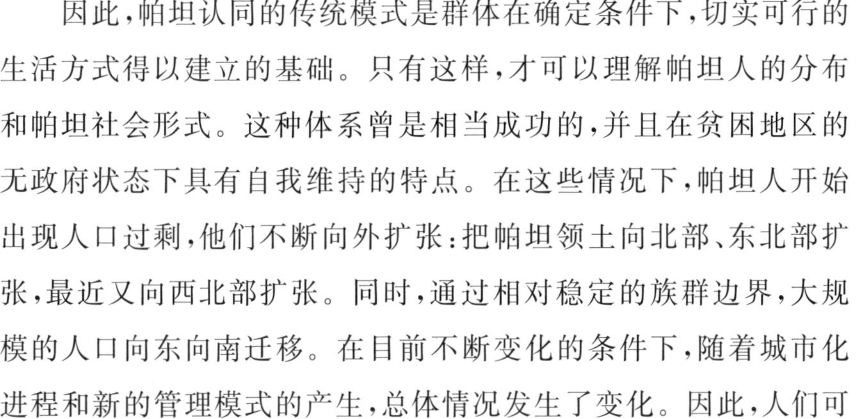

因此，帕坦认同的传统模式是群体在确定条件下，切实可行的生活方式得以建立的基础。只有这样，才可以理解帕坦人的分布和帕坦社会形式。这种体系曾是相当成功的，并且在贫困地区的无政府状态下具有自我维持的特点。在这些情况下，帕坦人开始出现人口过剩，他们不断向外扩张：把帕坦领土向北部、东北部扩张，最近又向西北部扩张。同时，通过相对稳定的族群边界，大规模的人口向东向南迁移。在目前不断变化的条件下，随着城市化进程和新的管理模式的产生，总体情况发生了变化。因此，人们可以预料到特定的帕坦文化和组织关系会发生根本性变化。

**注释：**

1　在俾路支族中也有一部分人，他们是平民的依附者或者是平民的合作群体，这些人在数量上非常少并且被剥夺了社会和经济权利。

2 除了差异非常明显的群体如圣茨人、穆拉赫人(Mullahs)和丹瑟人(Dancers)等，他们往往在这些活动面前退缩或者遭到排斥。

# 老挝境内的邻居们

卡尔·G.伊西科维齐

迄今为止，民族志或社会人类学主要致力于从各个方面描述和分析不同的社会体系，目的是促进一般社会理论的发展。各民 135
族的社会体系之所以得到这样的密切关注，可能部分是受到以往的民族浪漫主义运动的影响，它试图突出每一个民族的民族特征和特有的价值体系。也许各个国家也倾向于强调这些，以作为巩固自己排斥邻居的重要手段。但是，我本人并不深入研究这个问题，而将其留给观念史学家去处理。

只要一个群体希望提高其地位并注重自己的生活方式，它就面临着邻居的问题，我更喜欢称其为相互毗邻的不同民族之间的关系问题。研究者不再对**单一族群**的独立社会进行研究，而是转向相互为邻的**多族群**的研究。在本文中，我将就相关问题发表看法，并以老挝的一些相对贫乏的材料为出发点。我曾于1936至1938年以及1963至1964年在老挝做过短期的田野调查。由于我的目的并不是研究这些问题，所以本文目前只能提供一个框架或大纲。

印度支那完全是一个多族群社会，埃德蒙·R.利奇(Leach 1954)曾对此做过一些非常好的研究，他论述的是缅甸高地的情况。他后来发表了一篇名为《缅甸的边民》(Leach 1960)的文章,然而,这篇文章只是简要地讨论了山地部落和河谷部落的差异。他主要通过关于缅甸人的材料,描述了这两个不同社会的结构特征,以及它们和印度以及中国社会体系之间的关系。

然而,在下文中我将简要讨论老挝各部落之间的联系,因此,
136 我的想法与利奇的著作《缅甸高地诸政治体系》(*The Political Systems of Highland Burma*)中的观点相当一致。

毗邻的民族往往有完全不同的生活方式、社会结构和文化,他们之间的相互适应问题正如我们在历史中经常看到的那样,是一个非常困难的问题。可是在当今,随着西方文明通过殖民地化和工业化等对传统多族群社会的影响,这些问题也越来越多。不断产生的新关系与新中心在许多案例中都造成了尖锐的冲突。在许多地方,他们也造成了有影响力的民族主义运动。在适当的时候,通过学校和其他媒体,这些运动导致了同化和统一。

“一个国家、一个种族、一个民族、一种文化”等等远不只是民族主义宣传中的一句口号。在这场斗争中,少数民族的状况往往是最糟糕的,不是被同化或根除,就是被迫加入反对派及更强大的阵营。当然,在这场斗争中也使用了各种意识形态。思想家和政治家们曾竭力解决相互竞争的毗邻族群的问题,但是结果可能并不总是尽如人意。我相信,当这种情况出现并发生在现实当中的时候,仔细调查这种情况是相当重要的,并且我认为人类学家能够发挥巨大的作用。这不仅仅是一个分析邻近地区的情况和局势的问题,而且还要尝试着逐步形成或多或少带有普遍性的某些原理,从而有助于解决这样的问题。

伴随着非殖民地化，这些多族群问题变得越来越白热化，因为大部分新国家由不同部落组成。在西方，因为没有出现过这么多类似的问题，所以我们缺乏经验。欧洲国家的统一过程也进行得非常顺利。他们通常拥有共同的语言和共同的习俗，等等。可能因为同化过程已经产生，在一些非欧洲地区我们也可以发现这样的统一性。人们只需要看看地球上各民族的分布图，就可以了解更大的统一区域，比如在亚洲的，并且把这些地方与南亚、非洲和南美的一些地区进行对比。

这是一个使自己适应邻近族群以及如何完成适应的问题。然而，在大量多族群社区里，各个族群处于散居状态，接触要么不存在，要么少之又少。也许人们在集市上相遇，但仅此而已。而市场 137
是中立区，当中立区成为永久性区域时，比如城镇矿区、工业区和种植园等，它们就成为了核心地区，在那里频繁的联系建立起来，然而住在乡间的各部落之间的联系就非常少了。人们也不总是寻求接触，一些部落回避接触（一种政治和族群回避）。西藏和尼泊尔就是这类情况的代表，不丹也是这样。今天的缅甸更是如此。正如我们所了解的那样，它的边民处于封闭状态。

然而，在这里让我感兴趣的是使不同群体之间产生相互依赖性的各种接触。这就造成了大量族群的集中，他们的关系——不论是积极的还是消极的——形成了产生主导行为的体系。有时候即使体系改变，这些关系仍保持不变。

老挝是一个人口稀少的国家（大约每平方公里 4 人），地形复杂，大部分为山地。流入境内的湄公河的大部分河道可乘独木舟航行。从山上流下的支流只有河口可以通航。该国的公路网相当落后，除了旱季，少之又少的相对较新的机动交通公路几乎无法使用。有一些遍布乡村的马车道。在每一个部落的领地内有些可用的小路，但是部落领地之间的小路往往是杂草丛生或根本就没有路。广阔的杳无人迹的荒野将各部落隔开。在被殖民之前，和少量的大篷车小路是最重要的交通要道；只有那些驾独木舟在激流中航行的人才能控制交通航道。

不同族群之间的差异是相当大的。不同的山地部落被分成了许多不同的语言群。甚至在生活方式和族群结构极为相似的地方，差异依然存在。大部分族群的生计依赖于轮耕农业，主要作物是糯米。第一批居住在该地区的操孟高棉语的各民族永久性地定居下来（这往往与法国文献中所描述的事实相反），部分原因可能是土地并不十分短缺。

最近，来自中国南部和越南北部东京（Tonkin）的移民，即操苗语（Meo）和瑶语（Yao）的部落，似乎在缓慢地向这里发展。他
138 们的经济作物是可以提炼出鸦片的罂粟，鸦片贸易相当重要。

族群的分布是分层式的。苗族部落和一些其他部落居住在山里的最高处。在山体侧面的半腰、山脚下和平原上居住着一些以轮耕为主的农民。

可以种植水稻的河谷与冲积平原是泰族（Thai）部落的发源地。他们当中的一些部落，特别是北方部落的农田灌溉非常发达。泰族部落曾长期居住在中国南部和印度支那的北部。忽必烈可汗（Kublai Khan）在1353年入侵印度支那的时候，泰族部落获得了控制这片领土大部分的政治权力，从而开始在那里定居并同化其他部落。以贵族为首的泰族人组成了政府，并与老挝境内经历了裂变的高地人形成对照，这些高地人在政治上似乎没有经过村落阶段。村落的首领通常也是主持村议会的仪式首领。

因此，在泰族的区域内有政府存在，人口较为密集。泰国和老挝的泰族部落都是佛教徒，但是其他泰族人，特别是东京的泰族人却不是佛教徒。近年来汉族的影响力越来越强大，致使他们处在汉族的压力之下。越南人深受汉族的影响。泰族人的扩张一直持续到了 20 世纪，在一定程度上这也许是由于汉族压力的结果。在 18 世纪和 19 世纪期间，一些泰族群体离开他们的栖息地移民到了南方；一些甚至迁入了马来半岛。湄公河河谷到处都是不同类型的泰族部落。他们中的一些非常清楚自己的起源，也认识到自己不同于暹罗人(Siamese)和寮人(Lao)。

即使泰族部落定居在可以种植水稻的地区，战略性贸易地位对他们来说也很重要。卢人(Lu)这一支泰族部落主要居住在与老挝、缅甸相邻的中国边境上，不久前还控制着西双版纳。19 世纪末，几个村落从西双版纳迁出，沿着从中国经老挝一直到暹罗东北部的商队小道定居下来。鸦片就是沿着这条小道运输的，在一定程度上新的卢族村落位置也是由他们参与鸦片走私决定的。卢族各部落成为某些山地部落、汉族和许多其他的大型国际同盟成员之间的纽带。 139

寮人和其他的泰族人控制了湄公河上的贸易。从山流向湄公河的各条支流的汇入点，也自然具有了重要的战略意义，正是在这些地方，我们发现了庞大的寮人村落。他们的名字都以帕克(Pak)开头，意思是河流的入口处。选择这个位置是为了给山地部落提供贸易上的便利。在这些村落里采买当地产品，然后再用皮筏和独木舟沿着湄公河转送出去。山地部落的产品包括虫漆、藤条、蜂蜡、西班牙胡椒粉、大米、小豆蔻。作为交换，他们得到了森林居民的刀和铁质工具。他们也购买罐子、寮人的布匹，等等。他们自己只能制造少数这样的物品。

这些占据优势的泰族部落对山地部落抱着一种居高临下的态度。山地部落被称作卡人(Kha)，有奴隶、佣人的意思，并且在殖民地化以前，他们必须以产品和服务的形式向寮人纳税。居住在寮人中心地带附近的那些部落往往非常贫穷。而在泰族人所控制的区域之外，人们发现，正如利奇(Leach 1960:64)在缅甸所看到的那样，有大量富庶的山地村落。但是对山地部落的蔑视仍然十分普遍，在今天的政治格局下，这就造成了相当多的麻烦。

一般来说，泰族和卡族之间互不通婚，但是也有例外。当新的泰族村落沿着支流的低洼地带建立起来的时候，泰族的男人首先在贸易地定居下来。我曾经见过这样的例子，他们选当地拉棉(Lamets)妇女为妻。他们子女的身份为泰族，当寮人的家族迁移进来后，这些地方就成了真正的泰族人村落。

在某些地方，这类异族通婚具有仪式上的意义。我曾听说过老挝南部的一位新上任的泰族移民首领把女儿嫁给了卡族首领，作为回报，后者应该使用他的专长为*皮蒙*(*phi muong*)也就是大地之灵举行仪式。在琅勃拉邦(Luangphrabang)的皇家宫殿也有一种习俗：克木人(Khmu)首领(卡族的一个部落)在某些场合应该引领老挝国王登上王座。

在原住民中定居下来并统治他们的泰族人有可能是一个小群体。渐渐地，他们同化了早期的原住民。泰人家族接着成为了上层阶级，而泰族化的居民成为了下层阶级。在越南北部东京的黑泰人(black Thai)中这一点特别明显。人们也注意到这两个群体在种族上的差异。利奇认为就缅甸而言，不存在种族差异。但是我很难相信总是如此。 140

我于1964年访问过塞克人(Sek)村庄，该村庄被一条深壑分成了两半(操古泰语的塞克人有可能来自早期的老挝南部)。一半居住着塞克人和一些寮人家族，另一半居住的全部是泰族化的部落索族(So，卡族的一个部落)，他们也组织大地之灵的仪式。尽管他们与塞克人有同样的文化，但是真正的塞克人却相当鄙视他们，以致塞克人不希望我去参观他们村庄的另一半。他们看不起索族人，因此这个村庄的两个不同部分的成员之间也不通婚。在这里，他们可以通过外表上的差异轻易地被区分出来。

山地部落之间的通婚也是很少见的。在老挝北部，“二战”之前我曾停留过的拉棉人村庄里发现了一个例外，在这些村庄里曾经出现过几例与克木人通婚的案例。这两个山地部落都认为他们有较近的亲缘关系而且是该地区的土著居民。

不同泰族部落之间的通婚似乎容易得多，特别是在距离彼此很近的村庄之间更为常见。这可能与最小的女儿通常要留在家里陪伴父母的原因有关。她可以继承这栋房子和尚未分给哥哥姐姐的土地。她结婚后就留在家里照顾老人。按照习俗，她一般会嫁给邻近的另一个泰族部落的男孩。我希望在以后的文章中能够提供一些统计数据来证明这个说法。

可见山地与河谷居民之间的差异是相当大的，这些差异受到了记录这些邻里之间关系的研究者们的重视。在这种情况下，有统治权力的泰族部落向被征服的卡族人发号施令。地位上的悬殊非常显著。也正是这种差异在当今的河谷与山地部落之间的老挝行政区划中表现得相当明显。这导致的一个结果就是贵族和有影响力的老挝人的儿子可以获得最好的工作，而受过教育的山地部落人有时逃往巴特寮，即“竹幕”* 另一边的东方集团。

泰族部落和山地部落彼此间一直保持着联系，今天他们还在一定程度上有来往，但是老挝与北越的关系正在改变这种情况。对于北越来说老挝具有战略意义。与琅勃拉邦皇室有联系的老挝的苏发努冯亲王可能想成为山地部落的卡里斯玛型领袖，从而利

141 用山地部落达到自己的战略目的。由继承权引发的斗争和不和，正如利奇所指出的，在泰族地区是常有的事情(Leach 1960:57)。亲王们的权力取决于他们创造的卡里斯玛。



在安南山脉的越南一方，情况却大不相同，但是研究者们对此还没有进行调查。越南人与山地部落的接触与寮人几乎完全不一样。他们往往通过种植技术——高程灌溉(elevation irrigation)——而被联系在了一起。因此安南山脉附近部落相当独立。越南人几乎没有表现出定居在富庶山谷里的欲望。越南与法国的战争以 1954 年的奠边府战役(Dien-bien-phu)和日内瓦协议而宣告结束。在战争期间，一些山地泰族、土人** 在他们的贵族逃往法国后，曾帮助过越南独立同盟会(Viet-Minh)。在与美国的战争中，山地部落也帮助过民族解放阵线(FNL)和北部的越南人。事

---

* 竹幕(Bamboo Curtain)，冷战时期用语，是“铁幕”在亚洲的扩展。——译者

** 土人(Tho)属于越南的一个民族。——译者

实上，北越人缺乏丛林和山地的经验。南越人藐视山地部落，而越南独立同盟会在山地部落中用自己的语言做政治宣传。

泰族与山地部落的关系，可能完全不同于越南人与山地部落的关系。泰族部落和山地部落之间的接触与越南人相比更加频繁。我将从一个更加普遍的视角来尽量解释这种相互依赖性。

为了理解老挝相邻部落之间存在的多族群关系，进行一些比较是非常有必要的。在此，我只谈几个方面，我希望对这几方面的讨论都被看成是尝试性的。

在我看来，不同的毗邻族群之间的文化与社会差异使其之间的界限十分清晰。这些差异似乎主要归为三类：

第一，表达技巧上的差异，无论是在语言、仪式行为、手势、礼节还是习俗方面。如饮食习惯这一类重要因素也不应忽视。

第二，价值体系。它们可能是世界观和社会结构的产物。这些价值体系与表达技巧密切相关。

第三，自我认同。他们是否认为他们属于这个群体，至少在某些方面，是否这个群体被其成员所认可。人们不应该忽略这种态 142
度的对立面，即一个人认为他不属于这个相邻群体。在对自己群体的认同感并不特别强烈的情况下，这种态度可能非常重要。认同感会变化，一个人可能在某些情境下认为自己属于我群，而在其他情境下他可能又要认为自己属于他群。

我倾向于称这三类差异为**内省性**(introspective)，即它们针对认同性群体。在这样的群体中人们具有社会地位和某种等级。

然而，对于描述不同群体之间关系的**外向型**(outward-looking)类别来说也存在不同的情况。在一定程度上，这些不同情况可能取决于两个群体各自的内省性特质的差异，这些特质在某种程度上影响了这两个群体间的关系。但是，在这方面我并没有对这种现象分析。这是以后要研究的课题。相反，我将转向多族群关系中明显存在的两个类别。

1. 认同很重要，但是它不同于前面所提到的认同。这不是对自己群体认同的问题，而是外界对该群体的评价以及这种评价是否被认可的问题。我想，在多族群社会中，往往会存在某种基于不同部落特征评价的归类体系。或许在主导群体的观点具有决定性作用的等级社会中，通常都是如此？通过这样的归类，每一个部落或族群获得了一种社会地位，也有可能获得明确的角色和特殊的身份。

2. 如果不同的邻居之间有任何接触，族群间的关系必须通过某些互动形式来表现。我将以老挝为例说明，这不是一种行为的问题，而是不同层面上的几种行为的问题。

因此，互动取决于关系的性质、不同族群公认的评价等，它可以导致战争、起义、迫害、迁徙、习俗模仿、和平贸易以及许多其他类型的行为。

然而，邻居间的这些关系取决于他们彼此间的接触，另一方面也取决于这两个社会是民主的还是至少一方存在专制的体系，即
143 它是否是等级与非等级社会之间的联络点。因此，互动形式取决于这两种社会形式，社会形式的各种差异，让我们想起了两种更为常见的政治结构类型之间的差异。

不同族群之间的联络点或接触区所起到的重要作用是显而易见的。正如我在老挝和利奇在缅甸高地的案例中所阐明的那样，

生态环境是一个重要因素。老挝的联络点往往位于交通、河流和商道的沿线。而从生态学的角度看，这些联络点都位于具有战略意义的地区，并且可能相当稳定。

这些联络点多长时间使用一次也是一个问题。它们是否拥有永久性居民？在老挝，泰族和山地部落一年当中仅仅为了交换商品才在一些偶然的情况下接触。在世界的其他地方有永久性市场或者至少是有规律开放的市场。在有政府的国家里，比如在老挝，小型的集市城镇往往在行政机构集中的地方发展起来。人们发现佛教寺庙越重要的地方就越能吸引工匠而且贸易也越发达。

在人类学家所研究的许多国家的传统社区里都没有城镇。城镇首先是伴随殖民地化而产生的，或者是受到西方影响的结果。例如，索萨尔(Southall 1961)在当代非洲区分了这一类型下的两种城镇，在种植园和矿区附近的城镇吸引着来自四面八方的劳动力。因此城镇成为重要的多族群中心，在这里各个行业和行政机构产生了不同于农村的新兴社会阶层。在这里认同也发生了变化。在日常情境下，一个人可能把自己归属为某个阶层而不是他自己的部落。认同也根据一个人的工作和受教育程度而发生改变。

将这些一般假设和原则作为出发点，我们可以发现形形色色的组合和类型，而我在这方面并不打算将其系统化。我只想举一些例子，让大家对多民族的老挝的动态体系有一些了解。

显然，在老挝有我倾向于称作裂变关系(segmentary relationship)的东西。我阐述过，拉棉人和克木人部落彼此和睦相处，互 144
相看做“兄弟”，然而，他们和形成另一种团结力量的专横的泰族部落之间却不共戴天。泰族与从中国相对晚些时候移民进来的非常独立的蛮人[Man(瑶族)]和苗族部落的关系却是一个例外。与完全不识字的操孟高棉语的部落相比,他们通常能识文断字。

我认为相似的情况在世界的许多其他地方也可以发现。例如,在阿尔及利亚(Bourdieu 1958),柏柏尔人(Berber)与阿拉伯人之间的关系时常处于紧张状态。但是在阿尔及利亚战争期间,他们却团结一致对付共同敌人。当获得和平后他们之间的仇恨又重新点燃起来。

许多毗邻的部落往往完全依赖彼此的产品,因此商品和服务的交换非常必要。阿尔及利亚也能为我们提供一个例子,并且游牧民和农民之间的这种互补性在东方的大部分国家都能找到。即使各派之间有敌意,他们也必须维持最低限度的利益互惠。

在许多地方,集市都是不同部落间接触的重要中心,特别是当这些集市有规律地运行并稳固地建立起来的时候。在印度1952年独立后的第一次选举中,我注意到有关选举的宣传每周都在集市上广播。在奥里萨邦(Orissa)的科拉普特(Koraput)高原,这些集市对于不同的毗邻部落和印度产品消费者来说都是汇集点。

在一些部落有等级结构的情况下,有时会形成介于民主与专制社区之间的社区。在这方面,我主要在考虑缅甸克钦人中存在的一些极为有趣的情况,以及在缅甸山区的一些部落中所发现的在这两种社区形式之间摇摆不定的类似情况。介于贵族式的掸人(Shan)部落和实行民主政治的克钦人之间的这种混合形式,利奇称作贡萨制(*gumsa*),一种专制但是相对来说并不稳定的克钦社区。这种形式很快就会解体,回到贡劳制(*gumlao*),这是民主类型的名称，在后来的某些场合，它又会转换成贡萨制。利奇认为贡萨制是一种对掸族制度的模仿并且也受到了掸族制度的影响。由于姆尤-达玛（*mayu-dama*）系统*的存在，贡劳制也不稳定，一个人根据他是新娘接受者还是新娘赠予者而获得不同的身份。后者拥有更高的地位。因此，对于克钦人来说，这是一个在一个极端到另一个极端之间摇摆的问题，它的不稳定的贡劳制受到了掸族范 145
式的影响而得以加强并成为了贡萨制。我认为我不需要再做更多的讨论，这一经典成果（Leach 1954）大部分人类学家都熟悉。

在老挝的山地部落中，我并没有碰到类似的情况。也许这与在操孟高语的民族中缺乏真正的酋长有关。我能观察到的只是在拉棉人部落中有朝这个方向发展的趋势，这种趋势是随着劳动力迁入泰国和货币的引入产生的。

格鲁克曼（Gluckman）探讨了来自祖鲁人（Zulu）的有几分类似的例子。在这里我们有三个群体：一个白人群体和两个非洲人群体，一边是基督徒和当地官员，而另一边是非基督徒。由基督徒和官员构成的中间群体依靠于白人。但是他们从来不能进入白人的核心圈，同时为了建立抵抗白人的民族非洲联盟又被他们的族人召回。因此中间群体在白人和非基督徒的非洲人之间摇摆着（Gluckman 1958）。

我认为找到更多这类中间群体的例子并不困难，特别是在西方社会和传统社会之间的接触区内。

---

* 即所谓“丈人种”和“姑爷种”通婚集团，其中丈人种对姑爷种拥有仪式上和实际上的威望和特权。——译者

在一些社会中不难发现一种归类体系，在这种归类体系下，各种群体包括族群都纳入等级制度。最著名的可能是印度的种姓制度，它适用于整个印度，甚至适用于那些其实不是印度教徒的群体。这类的等级制度关系反过来产生了某些典型的行为。上攀婚(hypergamy)和嫁妆是其中的一部分，与这些习俗有关的还有几种金融交易，例如贷款制度、黄金和宝石交易，这些交易在印度社会中起到了非常重要的作用。大部分行为与人们不断尝试提高其社会地位有关，或者是进入一个种姓——如果他是个贱民的话，或者是在印度等级制度中攀上更高的一级。

然而我认为，这种情况不仅对于相当特殊的印度环境是这样，对所有不同群体间存在等级制度的社会都是如此。老挝的泰族贵
146 族部落和他们的邻居山地部落的关系毫无疑问属于这种等级制度。封闭群体的等级制度往往与种姓制度相混淆。识字的人和不识字的人的差异也很重要，正如老挝的案例。统治群体的语言和宗教被强加给附属群体，利奇指出，使用不同语言的克钦人部落迅速地学会了泰语并适应了掸邦语(Leach 1954:239 及其他页)。



许多多族群关系取决于中央集权的存在。城镇与行政中心为统治群体的语言和文化做宣传。正如我已经指出的那样，对于等级社会和非等级社会来说，城镇这样的中心区在不同族群重新的组合和可能的融合中起到了相当特殊的作用。

老挝的多族群关系是明显的等级关系，但是不同的群体却没有联合起来组成一个团体。这是一个非常松散的体制，在该体制中，泰族部落试图控制其傲慢地称作卡族的另一方。而后者希望保持他们的独立性，这不是一件困难的事情，因为他们可以轻易地退到山里较偏僻的地方。在这个人口稀少的国家里，土地是不成问题的。在大部分地方人们可以找到适合临时性种植的山坡。

总而言之，贵族化的泰族试图控制实行民主政治的山地部落，而后者尽量回避他们、远离他们。在老挝，融合是不可能的，在目前的这种情况下，这种分隔更加突出，因为大部分的山坡部落被“竹幕”与平原的居住者分开。河谷部落与山坡部落的分离已成事实。然而，也有例外，来自中国的移民有一部分离开东部定居在了政府区。了解这些人当中有多少人生活在“竹幕”以西，是非常有趣的课题。

山地部落的寮人统治肯定可以追溯到很久以前。在战前，寮人只能控制城镇和其他行政中心附近的山地部落。琅勃拉邦周围的克木人部落长期处于被征服状态，但是殖民地化之前就起义不断，起义失败后一些部落沦为了奴隶。不过1884年法国人废除了奴隶制度(Reinach 1911)。

但是泰族统治之外的山地部落仍然是自由的。不论是直接拜
访，还是泰族商人在城镇的集市上与他们的接触都是平和的。泰 147
族部落与山地部落之间有通婚现象，但是非常少见。贸易确实是最重要的产品，尤其是山地部落依赖于铁器、盐和其他泰族产品。因此，这些关系与以上提到的支配关系截然不同。

因为山地部落男子通常需要有付彩礼的钱以及购买属于祖先崇拜的贵重物品的资金——这些贵重物品会为他在自己的群体中带来威望——所有年轻人通常会离开家去找工作，或者去为亲王服兵役。后者以库恩人(Khuen)部落为例，在南塔省(Namntha)的克木人部落过去常常为泰国的南亲王服兵役。劳动力可以在泰国的泰柚林和种植园找到。

然而，泰族部落的目标相同。他们要么想要通过向佛教庙宇赠送礼品而获得威望，要么投身政治，借助他们的追随者而获得权力地位。这样的例子很容易找到。第二次世界大战以来，在泰国发生的所有政变都可归因于这类活动！虽然泰族群体向印度支那其他地方的移民或扩张早期往往是出于中国的压力，但都是由展现卡里斯玛特质并且获得追随者的人物来领导（Leach 1960：57，Izikowitz 1963）。

这两个族群主要通过不同的政治结构和不同的目的形成了彼此间的边界。生态适应可能不是那么重要，因为这两个群体彼此相邻，并利用着相同的生态位。语言差异也不是最重要的因素，因为大部分山地部落既会说泰语又会说自己的语言。

多族群关系的不同类型应该被看作不同的**社会形态**，即正在发生的社会变迁的一部分。在某些情况下关系变化得非常迅速，特别是友谊与憎恨交替的裂变型多群族关系。在具有像克钦人部落制度的社会中也存在这样的关系——在两个极端之间不断摇
148 摆。在具备统治关系的等级社会中，同化会发生，反过来这又会导致回避、逃离和起义。

在像老挝这样的国家里，通过学校、佛教组织等发达的宣传体系，多族群社会有可能在和平时期逐渐演变为单族群的社会。当今，在许多曾经是殖民国家而现在新创建的国家里，民族主义宣传似乎真的是为了把国家变为一个民族统一体，清除大的族群差异。例如，在老挝，所有人被称为寮人，但是实际上只有泰族部落目前表现出融合的意愿。

就族群来说，工业化毫无疑问地导致了全面的统一性。但是它是一个漫长而又痛苦的过程。不是像以前那样把自己归为某个部落，而是一个人被同化融入到一个群体，在这个群体中，重要的是获取地位而不是被赋予地位。

总之，研究者在考察多族群社会的国家时，必须特别关注不同族群所使用的种种策略，无论这些族群是群单位还是基于教育体系新形成的群体。在所有的这类国家里，出现了各种形式的神话创造和宣传，以及多种行为形式，这一直吸引着历史学家。然而，人类学家也必须深入探讨这些课题，看看在所有多族群社会产生的关系与行为中哪些具有普遍有效性。这必将对我们这个时代的和平探索产生重要影响。毕竟整个地球是一个裂变型社会。

# 参考文献

Aarseth, B. 1967. Status og fremtidsperspektiver i reindriften. *Sameliv: Samisk Selskaps Arbok*. Oslo.

Aguirre Beltrán, A. 1953. *Formas de gobierno indigena*. México.

Arensberg, C. M. 1963. The Old World Peoples: The Place of European Cultures in World Ethnography. *Anthropological Quarterly*, Vol.36.

Barth, F. 1955. The Social Organization of a Pariah Group in Norway. *Norveg 5*.

Barth, F. 1956a. Ecologic Relationships of Ethnic Groups in Swat, North Pakistan. *American Anthropologist*, Vol. 5.

Barth, F. 1956b. *Indus and Swat Kohistan—an Ethnographic Survey*. Studies Honouring the Centennial of Universitetets Etnografiske Museum, 1857—1957, Vol. II. Oslo.

Barth, F. 1959. *Political Leadership among the Swat Pathans*. London School of Economics Monographs on Social Anthropology, No. 19. London.

Barth, F. 1964a. Ethnic Processes on the Pathan-Baluch Boundary. In G. Redard, ed.: *Indo-Iranica*. Wiesbaden.

Barth, F. 1964b. Competition and Symbiosis in North East Baluchistan. *Folk*, Vol. 6. No. 1.

Barth, F. 1964c. The Fur of the Jebel Marra. 'Outline of Society' for Department of Anthropology, University of Khartoum. Mimeo.

Barth, F. 1966. *Models of Social Organization*. Royal Anthropological Institute of Great Britain and Ireland, Occasional Papers, No.23.

Barth, F. 1967a. Economic Spheres in Darfur. In R. Firth, ed.: *Themes in*

*Economic Anthropology*. London.

Barth, F. 1967b. Human Resources: social and cultural features of the Jebel Marra Project Area. Department of Social Anthropology, University of Bergen. Mimeo.

Barth, F. 1968 On the Study of Social Change (Plenary Address to the American Anthropological Association Meeting, 1966). *American Anthropologist*, Vol. 70.

Blom, F. 1956. Vida precortesiana del indio chiapaneco de hoy. In *Estudios Antropológicos publicados en homenaje al doctor Manuel Gamio*. México D. F.

Blom, F. & La Farge, O. 1927. *Tribes and Temples*. Louisiana.

Blom, J. P. & Gumperz, J. J. 1968. Some Social Determinants of Verbal Behaviour. In J. J. Gumperz & Dell Hymes, ed.: *Directions in Sociolinguistics*, California.

Bogoras, W. 1904—9. *The Chuckchee*. Anthropological Memoris, American Museum of Natural History, Vol. II. New York.

Bohannan, P. 1963. *Social Anthropology*. New York.

Bourdien, P. 1958. Sociologie de l'Algérie. In *Que sais-je*? No. 802. Paris.

Cancian, F. 1965. *Economics and Prestige in a Maya Community*. Stanford, California.

Caroe, O. 1962. *The Pathans 550 B.C.—A.D. 1957*. London.

Colby, B. N. & van den Berghe, P. L. 1961. Ethnic Relations in South-eastern Mexico. *American Anthropologist*, Vol. 63.

Cunnison, I. 1966. *Baggara Arabs: Power and the Lineage in a Sudanese Nomad Tribe*. Oxford.

Dahl, H. 1957. *Sprakpolitikk og skolestell i Finnmark 1814—1905*. Oslo.

Eidheim, H. 1963. Entrepreneurship in Politics. In F. Barth, ed.: *The Role of the Entrepreneur in Social Change in Northern Norway*. Årbok for Universitetet i Bergen, Humanistisk Serie, No.3.

Eidheim, H. 1966. Lappish Guest Relationships under Conditions of Cultural Change. *American Anthropologist*, Vol. 68.

Eidheim, H. 1968. The Lappish Movement—an Innovative Political Process.

In M. Swartz, ed.: *Local-level Politics*. Chicago.

El Hadi El Nagar & Taha Baashar. 1962. A Psycho-Medical Aspect of Nomadism in the Sudan, In *The Effect of Nomadism on the Economic and Social Development of the People of the Sudan*. Philosophical Society of the Sudan. Proceedings of the Tenth Annual Conference. Khartoum.

Falkenberg, J. 1964. Samer og fastboende i Røros-traktene. *Norveg* 11.

Ferdinand, K. 1962. Nomadic Expansion and Commerce in Central Afghanistan—a sketch of some modern trends. *Folk*, Vol.4.

Ferdinand, K. 1967. Ættelinjestabilitet Blandt Nomader i Øst-Afghanistan. Paper submitted in advance for participants in the Wenner-Gren Symposium on 'Ethnic Groups', Bergen Feb. 23rd to 26th 1967.

Furnival, J. S. 1944. *Netherlands India: A study of Plural Economy*. Cambridge.

Furnivall, J. S. 1948. *Colonial Policy and Practice*. London.

Garvin, P. L. 1958. Comment on the Concept of Ethnic Groups as Related to Whole Societies, by Herbert H. Vreeland. In W. Austrin, ed.: *Report of the Ninth Annual Round Table Meeting in Linguistics and Language Studies*. Washington.

Gjessing, G. 1954. *Changing Lapps: A Study in Culture Relations in Northernmost Norway*. London School of Economics Monographs on Social Anthropology, No. 13. London.

Gluckman, M. 1958. *An Analysis of the Social Situation in Modern Zululand*. Rhodes-Livingstone Papers, No.28. Manchester.

Goffman, E. 1959. *The Presentation of Self in Everyday Life*. New York.

Goffman, E. 1963. *Stigma: Notes on the Management of Spoiled Identity*. New Jersey.

Greenberg, J. H. 1966. *Languages of Africa*. Bloomington.

Guiteras Holmes, C. 1946. Informe de Cancuc. Microfilm Collection of Manuscripts on Middle American Cultural Anthropology, No. 8, University of Chicago Library.

Gumperz, J. J. 1958. Dialect Differences and Social Stratification in a North Indian Village. *American Anthropologist*, Vol.60.

Haaland, G. 1968. Nomadization as an Economic Career among Sedentaries in the Sudanic Savannah Belt. Department of Social Anthropology, University of Bergen. Mimeo.

Izikowitz, K. G. 1963. Expansion. *Folk*, Vol.5.

Kandre, P. 1967a. Autonomy and Integration of Social Systems: The Iu Mien (Yao) Mountain Population and their Neighbours. In P. Kunstadter, ed.: *Southeast Asian Tribes, Minorities, and Nations*. Princeton.

Kandre, P. 1967b. Om etnisitet hos Iu Mien-Yao i Thailand, Laos och Burma. Paper submitted in advance for participants at the Wenner-Gren Symposium on 'Ethnic Groups', Bergen Feb. 23rd to 26th 1967.

Kirke-og undervisningsdepartementet, ed. 1959. *Innstilling fra komitéen til å utrede samespørsmal*. Oslo.

Kleivan, H. 1967. Grønlendere og andre dansker: Identitetsunderstrekning og politisk integrasjon. Paper submitted in advance for participants in the Wenner-Gren Symposium on 'Ethnic Groups', Bergen Feb. 23rd to 26th 1967.

Knutsson, K. E. 1967. *Authority and Change: A Study of the Kallu Institutions among the Macha Galla of Ethiopia*. Etnologiska Studier 29, Etnografiska Museet, Gothenburg.

Kroeber, A. L. 1939. *Cultural and Natural Areas of Native North America*. Berkeley, California.

Leach, E. R. 1954. *Political Systems of Highland Burma: A Study of Kachin Social Structure*. London.

Leach, E. R. 1960. The Frontiers of Burma. *Comparative Studies in Societies and History*, Vol. Ⅲ.

Leach, E. R. 1967. Caste, Class and Slavery—the Taxonomic Problem. In A. de Reuck & J. Knight, eds.: *Caste and Race: Comparative Approaches*. London.

Mitchell, J. C. 1956. *The Kalela Dance: Aspects of Social Relationships among Urban Africans in N. Rhodesia*. The Rhodes-Livingstone Papers, No.27. Manchester.

Moerman, M. 1965. Who are the Lue: Ethnic Identification in a Complex Civi-

lization. *American Anthropologist*, Vol.67.

Nadel, S. F. 1947. *The Nuba*. Oxford.

Narroll, R. 1964. Ethnic Unit Classification. *Current Anthropology*, Vol. 5, No.4.

Paine, R. 1965. *Coast Lapp Society II: A Study of Economic Development and Social Values*. Tromsø Museums Skrifter, Vol. IV. Oslo.

Pehrson, R. 1966. *The Social Organization of the Marri Baluch* (compiled and analysed from his notes by F. Barth). Viking Fund Publications in Anthropology No.43. Chicago.

Pineda, V. 1888. *Historia de las sublevaciones indígenas habidas en el Estado de Chiapas*. San Cristóbal Las Casas, Chiapas.

Pitt-Rivers, J. & McQuown, N. A. 1964. Social Cultural and Linguistic Changes in the Highland of Chiapas. Department of Anthropology University of Chicago. Mimeo.

Pozas Arciniega, R. 1948. *Juan Pérez Jolote: Biografía de un Tzotzil*. Acta Anthropologica, Vol. Ⅲ, No.3.

Pozas Arciniega, R. 1959. *Chamula: Un pueblo indio de los altos de Chiapas*. Memorias del Instituto Nacional Indigenista, Vol. Ⅲ, México D. F.

Redfield, R. & Villa Rojas, A. 1939. *Notes on the Ethnography of the Tzeltal Communities of Chiapas*. Carnegie Institution of Washington, Publication No.509, Contribution 28.

Reinach, L. 1911. *Le Laos*. 2 vols. (posthumous edition complied by P. Chemin-Duponts). Paris.

Sahlins, M. D. 1958. *Social Stratification in Polynesia*. The American Ethnological Society. Washington

Siverts, H. 1960. Polical Organization in a Tzeltal Community in Chiapas, Mexico. *Alpha Kappa Deltan*, Vol.30, No.1.

Siverts, H. 1964. On Politics and Leadership in Highland Chiapas. In E .Z. Vogt & A. Ruz Lhuillier, eds.: *Desarrollo Cultural de los Mayas*. Uiversidad Nacional Autónoma dé México.

Siverts, H. 1965a. *Oxchujk ,: En Mayastamme i Mexico*. Oslo.

Siverts, H. 1965b. Some Economic Implications of Plural Society in High-

land Chiapas.*Folk*, Vol.7.

Siverts, H. 1965c. The 'Cacique' of K'ankujk': A Study of Leadership and Social Change in Highland Chiapas, Mexico. *Estudios de Cultura Maya*, Vol. V. Mexico D. F.

Sommerfelt, A. 1967. Inter-etniske relasjoner i Toro. Paper submitted in advance for participants in the Wenner-Gren symposium on 'Ethnic Groups', Bergen Feb.23rd to 26th 1967.

Southall, A. 1961. *Social Change in Modern Africa*. London.

Sundt, E. 1850—65. *Beretning om Fante-eller Landstrygerfolket i Norge*. Christiania.

Villa Rojas, A. 1942—44. Notas sobre la etnografía de los indios tzeltales de Oxchuc. Microfilm Collection of Mss. on Middle American Cultural Anthropology, No.7. University of Chicago Library.

Villa Rojas, A. 1947. Kinship and Nagualism in a Tzeltal Community, Southeastern Mexico. *American Anthropologist*, Vol. 49.

Vogt, E. Z. ed. 1966. *Los zinacantecos: Un pueblo tzotzil de los altos de Chiapas*. Instituto Nacional Indigenista. Colleción de anthropologia social, Vol.7. Mexico D. F.

Vorren, Ö., ed. 1960. *Norway North of 65*. Tromsø Museums Skrifter, Vol. Ⅷ. Oslo.

Ward, B. 1965. Varieties of the Conscious Model: The Fishermen of South China. In *The Relevance of Models for Social Anthropology*. A. S. A. Monographs 1, London.

# 专题研讨会及其参与者介绍

本论文集介绍了几位斯堪的纳维亚社会人类学家为了对族群做进一步的分析而通力合作所产生的专题研讨会成果。专题研讨会是由温纳-格伦人类学研究基金会赞助，于1967年2月23日至26日在挪威卑尔根大学召开。参会者有奥胡斯的克劳斯·费迪南德（Klaus Ferdinand），哥德堡的卡尔·古斯塔夫·伊西科维齐（Karl Gustav Izikowitz）和卡尔·埃里克·克努森（Karl Eric Knutsson），斯德哥尔摩的彼得·坎德里（Peter Kandre），奥斯陆的阿克塞尔·萨默菲尔特（Axel Sommerfelt）、哈拉尔德·埃德黑姆（Harald Eidheim）和赫尔吉·克莱文（Helge Kleivan），卑尔根的亨宁·西弗茨（Henning Siverts）、简-彼得·布洛姆（Jan-Petter Blom）、贡纳尔·哈兰（Gunnar Haaland）和弗雷德里克·巴特（Fredrik Barth）。巴特将对问题的简要陈述以及分析概念框架附在了邀请函中以供传阅。随后与会者在会前准备了各自的论文并进行了相互的交流。会后决定将研讨会成果以书的形式出版，每位与会者应邀按照他们认为合适的方式修订和改写论文。在这种期望之下七篇论文汇编成册，巴特在自己原来的观点和讨论结果的基础上，大量借鉴了最初或已做修订的这七篇论文而撰写了概述性的导言。因此该成果是真正意义上所有与会者共同合作的产

物。我们认为,这一成果阐明了一些共同的分析观点在不同的民族志领域对多族群组织问题上不同方面的应用。作为研讨会的组织者,我衷心地感谢所有与会者对研讨会的成功举办所做的贡献,同时我也代表所有的与会者向温纳-格伦基金会为这项工作所提供的赞助表示感谢。

弗雷德里克·巴特

1969 年 1 月于卑尔根

# 译名对照表

## A

Abdur-Rashid　阿卜杜尔-拉希德
Abyssinian Empire　阿比西尼亚帝国
Afghans　阿富汗人
Aguacatenango　阿卡特南戈
Amatenango　阿马特尼扬戈
Amhara　阿姆哈拉人
Annamite mountain chain　安南山脉
Arab　阿拉伯人
Arsi Galla 阿尔西加拉人
Arussi　阿鲁西省
Awash river　阿瓦什河

## B

Baggara　巴加拉人
Balabatts　贝拉贝特人
Bali　贝莱省
Baluch　俾路支人
Beni Helba　贝尼赫尔巴人
Beni Hussein Baggara　贝尼胡赛因巴加拉人
Berti　贝尔蒂人
Berber　柏柏尔人
Birgid　比尔吉德人
black Thai　黑泰人

## C

Cancuc　坎库克
Cancuquero　坎库克罗人
Casu　卡苏
Cebecera de distrito　卡贝塞拉德迪斯特里托
Chalchihuitán　查尔奇乌伊坦
Chamula　查穆拉人
Chanal　查纳尔
Chenalhó　切纳尔奥
Chiapanecans　恰帕内坎人
Chiapas　恰帕斯
Chilalo　乞拉罗山
Chuckchee　楚克奇人

## D

Daju　达朱人
Dancers　丹瑟人
Darfur　达尔富尔
Daza　达扎人
Dazat　达扎特人
Dien-bien-phu　奠边府

## E

Emperor Menelik　米尼莱克皇帝

## F

Finn　芬兰人
FNL　民族解放阵线
Fulani　富拉尼人

Fulduro　富尔迪尤洛岛
Fur　富尔人

**G**

Galla　加拉人
Gallaland　加拉高原
Gujars　古贾尔人
Gumsa　贡萨制
Gumlao　贡劳制
Gurage　古拉格人

**H**

Hazarajat　哈扎拉贾特人
Hazara　哈扎拉人
Hazarajat　哈扎拉贾特人
Highland Chiapas　恰帕斯高地
Huixtán　乌伊斯坦

**I**

Indio　因迪奥人
Indito　因迪托人

**J**

Jebel Marra Mountain　杰贝勒迈拉山
Jidda　吉达人
Jille　吉尔莱人
Jimma　吉马
Jirga　吉尔贾
Juba　朱巴

**K**

Kachin　克钦人
Kaffa　卡法
Kallus　卡尔卢斯
Kallu　卡卢
Kohistan　科希斯坦(地区)
Kohistanis　科希斯坦人
Kha　卡人
Khmu　克木人
Khuen　库恩人
Koraput　科拉普特高原
Kublai Khan　忽必烈可汗

**L**

Ladino　拉迪诺人
Lake Zwai　祖瓦伊湖
Laki islanders　拉基岛人
Lamets　拉棉人
Lao　寮人
Lapps　拉普人
Larraínzar　拉尔赖恩萨尔
Lu　卢人
Luangphrabang　琅勃拉邦

**M**

Macha Galla　马查加拉人
Mahdi　马赫迪
Maki　迈基河
Man　蛮人
Masalit　马萨利特人
mayu-dama　姆尤-达玛
Maximillian　马克西米利安大公爵
Medina　麦地那
Melanesia　美拉尼西亚
Melmastia　迈勒马斯提阿
Meo　苗语
Mon-Klhmer　孟高棉语
Mullahs　穆拉赫人

**N**

Namntha　南塔省

**O**

Omda　乌姆达
Orissa　奥里萨邦

Oxchuc 奥斯丘克
Oxchuqueros 奥斯丘克罗人

**P**

Pak 帕克
Pakhtuns 帕克同人
Panjabis 旁遮普人
Parachas 帕拉扎人
Pashtuns 普什图人
Pathan 帕坦人
Pathet Lao 巴特寮
Peshawar 白沙瓦
Prince Soupannivong 苏法努旺亲王
Purdah 普尔达赫

**Q**

Qais 凯斯

**R**

Rio Grijalva 里奥格里哈尔瓦
Rio Tia cotalpa 里奥蒂亚科塔尔帕
Rizeigat 里泽伊加特人

**S**

Saints 圣茨人
San Cristobal Las Casas 圣克里斯托瓦尔拉斯卡萨斯
Santa Lucia 桑塔卢西亚
Sek 塞克人
Shao Galla 绍阿加拉族
Shan 掸人
Siamese 暹罗人
Sidama 锡达马人
Sidamo 锡达莫人
Sippsong Panna 西布松・巴纳
So 索族
Soyaló 索亚洛
Swat 斯瓦特(地名)
Sudan 苏丹地区

**T**

Tadecca 塔代克卡岛
Taisha 塔伊沙人
Tajik 塔吉克
Tama 塔玛人
Tenango 特南戈
Tenejapa 特内哈帕人
Thai 泰族
Tho 土人
Tigre 蒂格雷人
Tonkin 东京(越南)
Tulama 图拉马人
Tullu Guddu 图勒卢久迪尤岛
Tuxtla Gutiérrez 图斯特拉古铁尔雷斯
Tzeltal 策尔塔尔人
Tzotzil 佐齐尔人

**V**

Viet-Minh 越南独立同盟会

**W**

Weyto 威伊托人

**Y**

Yao 瑶语

**Z**

Zaghawa 扎加瓦人
Zinacantán 西纳坎坦人
Zinacantecos 西纳坎特科人
Zulu 祖鲁人

# 译校后记

2012年的某一天，我们应邀到广西南宁开会，期间认识了在商务印书馆工作的李霞老师，交谈中了解到北京大学社会学系高丙中教授主编的“汉译人类学名著丛书”就是由她来具体操作的。当我们提到巴特的《族群与边界》迄今仍然没有汉译本时，李霞老师问我有没有兴趣组织翻译这本书，至于版权问题可以由商务印书馆来协调。我们出于为我国的人类学学科建设做点事情的初衷，大胆地承担了任务。

回来后具体的翻译任务交给了李丽琴。李丽琴早年学的是英语专业，后来攻读民族学专业，现在也是我校英语系的教师，她的英语和民族学专业背景比较适合从事这本书的翻译。于是，李丽琴开始翻译《族群与边界——文化差异下的社会组织》一书。本书是由七位人类学家利用相同的分析观点和分析框架在不同地区对多族群问题所进行的研究。书中既有大量田野资料的描述，又有对族群、族群性、族群认同和族群边界等问题的理论分析，所涉及的族群多，生僻地名多，族群关系复杂，理论术语多。因此，翻译过程中所遇到的困难自然也不少。每当无法拿捏一个词、一句话的时候，她花费一整天的时间去琢磨它，为理清一种族群关系，需要查阅大量的图书资料。本书的翻译自始至终忠实于作者的原意，没有简化或扩展，也完整地保留了作者的注释。同时为了方便读者的理解，以脚注的形式添加了译者注。在翻译专有名词时，她主要参阅了由商务印书馆出版的辛华编著的《译音表》、李毅夫、王恩庆等编著的《世界民族译名手册》、中国地名委员会编著的《外国地名译名手册》和新华通讯社译名资料组编著的《英语姓名译名手册》。

在翻译过程中，马成俊提供了"汉译人类学名著丛书"[①]中已经出版的所有著作和其他的人类学著作以供参考，同时也对译文提出了很多建设性的意见和建议，对译著中出现的人名、地名、族群名以及族群关系进行了仔细认真的校对。同时，为方便读者，按照丛书要求，写了一篇导读性文章以供读者参考。李丽琴几乎投入了两年的时间和精力，对本书进行翻译。由于是第一次翻译经典名著，所经历的痛苦可以想见。尽管遇到了很大的困难，但她毫不气馁，丝毫没有放弃的念头。在翻译的过程中，她的家人也给了她最大的理解和支持，在此一并表示诚挚的谢意。

在《族群与边界》一书即将付梓出版的时候，我们首先要感谢李霞老师，她一直为该书的翻译提供帮助，并审读修改了译文。现在重庆大学工作的梁文静博士认真审读了全部译稿，并帮助修改了译稿中存在的错漏之处，特此表示衷心感谢。同时还要感谢高丙中老师对我们的信任，能将此书纳入到他主编的"汉译人类学名著丛书"中，能给我们机会为中国的人类学学科建设做点力所能及

① 本书曾收入"汉译人类学名著丛书"，现收入"汉译世界学术名著丛书"。——编者

的工作,也是我们的荣幸。这套丛书已经在我国学术界产生了良好的效果,我们也真诚地希望巴特主编的这本书也能够产生相应的影响。

翻译工作已经完成,但感觉并不轻松,初次翻译由著名人类学家撰写的论著,肯定有许多不当之处,敬请读者的谅解和指正。

马成俊　李丽琴

2014 年夏于夏都西宁

# 修订译后记

自2014年出版译著《族群与边界:文化差异下的社会组织》至今,已过去整整十年。十年间,从简版到精装已先后印刷发行了七次,得到了国内学术界的积极评价和良好反响。近日,借商务印书馆出版"汉译世界学术名著丛书"的珍藏本、纪念版之机,译者对此书又做了全面的修订。

回想2012年在广西南宁开会期间与商务印书馆的李霞老师相识,并说起弗里德里克·巴特《族群与边界》一书的学术价值,产生了翻译此书的念头,秉着为我国的人类学学科建设做点事情的初衷,并征得北京大学社会学系高丙中教授的同意,纳入由高老师主编的"汉译人类学名著丛书"中,随之开启了本书的翻译工作。

译者李丽琴早年学的是英语专业,后来攻读民族学专业硕士学位,现在也是我校英语专业教师,具备翻译人类学著作的学术背景,在接受该任务之后,她历经两年进行翻译,终于在2014年11月交付商务印书馆出版发行。此书甫一面世,即得到了学术界的广泛欢迎,先后印刷四次。2021年3月该书又以"汉译世界学术名著丛书"的名义出版,截至2022年发行三次。既受到了读者的好评,同时也收到一些修改建议,包括翻译之后的中文更应该符合中文读者的习惯,注意上下文用词的统一,个别词义需要修订等。

考虑到这些建议，我们开始着手在三个方面进行修改订正，一是在翻译表述不够清晰的地方，重新加以完善；二是在仔细核对原著的基础上，改正了个别错漏之处；三是对一词多义的地方，根据语境重新进行了调整。本着尊重经典、遵从权威、彰显注疏传统的原则，通过人类学、民族学、社会学、翻译学和语言学等多角度，我们一起进行了逐字逐句的细致考证、翻译和注释，最终完成了“汉译世界学术名著丛书”的珍藏本、纪念版《族群与边界——文化差异下的社会组织》的修订工作。尽管如此，我们仍然感到在翻译的过程中言不尽意，敬请读者的谅解和指正。

该译著三次具有里程牌意义的出版与经典原著本身的学术影响力分不开，与读者们的支持分不开，与协助该书出版的前辈们的信任分不开。在译著修订版面世之际，再次感谢李霞老师，她在首次出版时为该书的翻译花费了不少心血、提供了极大帮助，并审读修改了译文，同时感谢刘美伦老师，她为本书的修订提供了建设性意见和建议。

马成俊　李丽琴

2023 年冬于夏都西宁

**图书在版编目(CIP)数据**

族群与边界:文化差异下的社会组织/(挪)弗雷德里克·巴特主编;李丽琴译.—北京:商务印书馆,2024
(汉译世界学术名著丛书:120年纪念版:珍藏本:增订本)
ISBN 978-7-100-23678-2

Ⅰ.①族… Ⅱ.①弗…②李… Ⅲ.①社会组织管理—研究 Ⅳ.①C916

中国国家版本馆CIP数据核字(2024)第076627号



汉译世界学术名著丛书
(120年纪念版·珍藏本·增订本)
**族群与边界**
**——文化差异下的社会组织**
〔挪威〕弗雷德里克·巴特 主编
李丽琴 译
马成俊 校

商 务 印 书 馆 出 版
(北京王府井大街36号 邮政编码100710)
商 务 印 书 馆 发 行
北京市十月印刷有限公司印刷
ISBN 978-7-100-23678-2

2024年5月第1版 开本 710×1000 1/16
2024年5月北京第1次印刷 印张 13
定价:72.00元